活着活着就老了

冯唐 著

北方联合出版传媒（集团）股份有限公司
万卷出版公司

目录

卷一　那些书

● 中文小说：体会时间流逝中那些生命感动 / 002 ● 小品文的四次浪漫 / 010 ● 好色而淫，悱怨而伤 / 013 ● "非典"时期读《鼠疫》/ 015 ● 读书误我又一年 / 020 ● 王小波到底有多么伟大 / 023 ● 永远的劳伦斯 / 027 ● 难能的是当一辈子"流氓" / 030 ● 小猪大道 / 034 ● 金大侠和古大侠 / 038 ● 文字趣味 / 041 ● 关于书的话 / 044 ● 女人文字 / 046 ● 老聃的金字塔原则 / 048

卷二　那些人

● 我知道的巴金 / 052 ● 妍媸且无论，自有文章惊海内 / 054 ● 如何成为一个怪物 / 058 ● 橡皮擦不去的那些岁月痕迹 / 061 ● 饭局及酒及色及一万里路山河及二十年来文章 / 064 ● 蚊子文字 / 067 ● 像狗子一样活去 / 070 ● 到底爱不爱我 / 073 ● 叫我如何不想她 / 076 ● 阿飞姑娘的文化意义 / 079 ● 刺客列传2004 / 085 ● 北漂文青胡赳赳的文字江山 / 095 ● 惟楚有材，于文惟盛 / 099 ● 黄老邪收集伟大的语词 / 103 ● 你一定要少读董桥 / 107 ● 人生在世 / 111 ● 愤青曾国藩的自我完善之路 / 114 ● 一万年来谁著史 / 120 ● 大片王朔 / 124 ● 活着活着就老了 / 128 ● 违反人性 / 131

卷三　那些事儿

- 在三十岁遥想四十岁退休 / 136 ● 我们为什么喜欢明朝的桌椅板凳 / 139 ● 比比谁傻，谁比谁傻 / 143 ● 弱智后现代之英雄新衣 / 146 ● 谈谈恋爱，得得感冒 / 151 ● 领取而今现在 / 153 ● 挣多少算够 / 156 ● 是意淫古人的时候了 / 159 ● 《万物生长》初版后记 / 162 ● 《万物生长》再版序 / 164 ● 《十八岁给我一个姑娘》序 / 167 ● 《欢喜》代序：差一点成了忧伤的仲永 / 169 ● 换个裤头换个城市 / 173 ● 人活不过手上那块玉 / 177 ● 十年一觉 / 180 ● 白日飞升 / 183 ● 距离 / 185 ● 焦裕禄 / 187 ● 茶与酒 / 190 ● 人生的战略规划 / 193 ● 果珍 / 196 ● 春宫遥遥 / 199 ● 寄生在笔记本上的生活 / 201 ● 文字打败时间——我的文学观 / 205 ● 人力和天命 / 207 ● 食色 / 210 ● 文章千古事，七十尚不知 / 213 ● 有肉体，还有思想 / 218 ● 肉体需要思想，思想需要歌唱 / 221 ● 执著如怨鬼 / 224 ● 红酒招魂 / 226

卷四　那些地儿

- 我混沌、脏乱、安详、美丽的北京 / 230 ● 二楼和地下室的风景 / 234 ● 挤呀挤 / 237 ● 在香港清炒一盘楼花 / 240 ● 旧富香港 / 244 ● 桃源古巴 / 251 ● 择一城而终老 / 256 ● 浩荡北京 / 260 ● 红灯青烟里的阿姆斯特丹 / 269 ● 香港饭没有局 / 274 ● 怕应羞见 / 277 ● 敦煌 / 279 ● 天高帝远 / 281

CONCENTS

卷一

那些书

中文小说：体会时间流逝中那些生命感动

中文小说整体水平低下

开篇明意，首先表达我的观点：中文小说先天不足，整体上无甚可观。

无论从质量还是数量上讲，中文小说和西文小说整体上都不在一个重量级。美国现代图书馆评选二十世纪英文小说一百强，争得不亦乐乎，反反复复定不下来。之后，《亚洲周刊》跟风效颦，推出二十世纪中文小说一百强，很快尘埃落定，各路英雄坐次排定，鲁迅《呐喊》第一，二月河《雍正皇帝》第一百。读到这则消息，我第一感觉想乐，好像听到清华大学拼命选出清华校园美女一百强，第四名就开始觉得长得像女傻强。第二感觉凄凉，"世无英雄，方使竖子成名"。第三感觉振奋，好像项羽看见嬴政坐着大奔逛街，"彼可取而代之"。跟我老妈讲了我的感受，老妈说，你改不了的臭牛逼。

这么多年过去了，我的意见还是和鲁迅当初一样：如果喜欢小说，多读外文小说，少念或是不念中文。

中文小说整体水平低下有两点原因，第一是中国文字太精通简要，难负重；第二是中国文人外儒内庄，不吃苦。

中文是象形表音文字。一张图画的信息量抵过千言万语，所以宇宙飞船带给外星人看的信大量使用图表，所以一张电子春宫比几万字的《灯草和尚》更占硬盘空间，所以中文没有必要写得那么长。另外刚有中文的时候，纸张还没有发明，写字要用龟甲和兽骨。野兽会跑，乌龟会咬人，龟甲兽骨不易得到，文人不得不精通简要。英文是单纯表音文字，英文成形以后，纸张就出现了，没有了太多限制，英文就倾向于唠叨。点滴积累，岁月沉淀，这种唠叨渐渐有了体系和力量。

中国文人从小讲究的是乐生和整体和谐，他们从不为了理想引刀自宫，他们很少悲天悯人，他们在陋巷没事偷偷快乐。他们故意打破逻辑或者让逻辑自己循环论证，他们说"悠然心会，妙处难与君言"，他们说路上有狮子。但是好小说需要丝丝入扣的逻辑、毫发毕现的记忆和自残自虐的变态凶狠，需要内在的愤怒、表达的激情和找抽的渴望。我们的文人怕疼。

说阅读是非常个人化的东西

简单的说，小说阅读没有任何道理可言。天大的理，抵不过自己喜欢。掩卷书味在胸中，和张三、李四，或者隔壁的王胖子没有任何关系。仿佛饮食男女，有人喜欢吃辣，有人喜欢吃甜；有人喜欢小腿细细的小嘴紧紧的，有人喜欢面如满月笑如大芍药花的。没有任何道理可言。

小说阅读没有高低贵贱。给艺术排名次本身就是一个很滑稽的事。如果你对着雪地里一泡狗尿想象出一块熟糯橙黄的琥珀，只能说明你的功力不凡。如果你喜欢上一个聋哑的姑娘，觉得她没有任何欠缺，其他女人不是言语过分恶毒就是心胸过分狭促，只能说明你是情

003

圣。

　　小说阅读没有禁忌。再吃牛肉也是变不成母牛的,看八遍《鹿鼎记》你身边也不会冒出七个老婆。我们都已经太老,很难改变。现在有了互联网了,什么东西拐弯抹角都能找到了,不用等太阳落山再去偷偷找书摊王大爷借《查泰莱夫人的情人》了。我们不要怕怪力乱神。神农吃了大毒草之所以没有暴死,是因为他一口气吃了一百种大毒草。我学医的时候,上公共卫生课,那个教课的小老太太,小鼻子小嘴,干净利落,她说她健康的秘诀就是每个月找东单街头最脏最乱的国营餐馆吃一盘京酱肉丝,如此保持肠胃的菌群平衡。

　　在小说的阅读中体会时间流逝里那些生命感动

　　到底什么是好小说?好小说的标准应该是什么?坏小说各有各的坏法,但是好小说具有一些共性。

　　文字妙曼。好小说的文字要有自己的质感,或浓或淡,或韧或畅,或是东坡肘子或是麻婆豆腐,但是不能是塑料裹脚布。好文字仿佛好皮肤,一白遮百丑,即使眉眼身材一般,一点脑子都没有,还是有人忍不住想摸想看。所以南方女孩比在沙尘暴里长大的北方姑娘好嫁,所以诺基亚只给手机换个金属外壳就多要两千块。

　　结构精当。好故事仿佛好脸蛋,好结构仿佛好身材。长久而言,好身材比好脸蛋更动人。好脸蛋只是个好故事,看过了,知道怎么回事儿,不复想起;好结构起承转合,该凸的凸、该仄的仄,该紧的紧、该疏的疏。让人从头看到脚,再从脚看到头,从胸看到臀,再从臀看到胸,感叹天公造化。

　　才情灿烂。才情不是思想,好小说不是论文,可以不谈思想,只谈才气纵横、心骛八极。就像好姑娘可以胸大无脑,但是不能不解风情、不知体贴。好的小说家用肚脐眼看天下，从另一个角度拿捏你的痒处或在你毫不设防的时候给你一记断子绝孙撩阴腿。就像一些有气质的姑娘，肤如五号砂纸、平胸无臀，但是见月伤心、听歌剧涕泪横流、主动问你能不能抱她一下，还是能迷倒一片。

讲到最后，小说文字不好不重要，结构不好不重要，才情不好不重要，小说最重要的是让你体会到生命感动，就像姑娘最重要的是让你体会到爱情，听到激素在血管里滋滋作响或是心跳。在读到足够数量的好小说之前，我不相信任何鬼怪灵异，但是，好小说简简单单透过白纸黑字，将千年前万里外一个作者的生命经验毫不费力地注入我的生活，让我体会生命中不灭的感动。我开始怀疑灵魂的存在。

二十二种美丽，二十二种感动

我在下面列了一张中文小说书单，它们曾经给我不同的生命感动。小说的兴起是继秦始皇焚书坑儒之后，对中文最重要的变革动力。虽然我们先天不足，但是我们上探先秦，外采欧美，前途还是光明的。

列单说明如下：

1. 纯属个人观点。
2. 排名不分先后。
3. 有些人杂文、散文强出其小说太多，未入围不等于我不敬仰其文字，这些人中包括鲁迅和李碧华。
4. 外举避仇，内举避亲。仇雠和亲朋好友以及我自己的东西，不在推介之列。

《战国策》

有逻辑，有故事，有人性，有冲突，够贫。像北京的士司机一样关心世事，像管理咨询顾问一样慎思笃行。熟读半部，在街面上混个肚圆不是问题。

《世说新语》

和《史记》一起构成我的文字师承。刘伶和阮籍到北京不会无聊，三里屯有高价假酒，紫云轩和芥末坊都有曾经沧海媚眼如丝的老板娘。

《红楼梦》前四十回

小时候喜欢看林黛玉吃醋和贾宝玉处理三角关系，长大了从中读到齐家治国平天下，读到如何平衡利益，给足面子。不知道是曹雪芹隐藏得太深还是世界把我变得太庸俗了。

《水浒》

要看金圣叹评点的版本。细节处理独步，满布机锋。太多的元素在里面：凶杀、奸情、同性恋、生活在别处、生活在低处、追求理想、遁世、幻灭、创业、战略决策、战术处理、兼并重组、儒道禅合流，让人不得不喜欢。

《肉蒲团》

当初没有互联网，看的是从外教借来的英文翻译版。同期看的还有冯梦龙的三言和意大利的《十日谈》。感觉《肉蒲团》是我见过的行文最干净利落的中文长篇。

《金瓶梅》

写尽市井人情，建议中小企业主管精读。同《肉蒲团》比较，其色情描写添加得极为生硬，疑为后人伪作。

《牛天赐传》

北京那一辈人，没谁都可以，不能没有老舍。没有老舍，北京今天不会有这么多闲人，房地产也不会这么热。如果老舍生在今天，王朔就泡不着文学女青年了。

《围城》

钱钟书写老海龟的这篇小说至今时髦，只是读者通常没有以前那种旧学和西学的底子，领会他那些精致的笑话有些障碍。老天如果有眼，把他和张爱玲弄成一对，看谁刻薄过谁。

《十八春》

张爱玲是个异数。你可以不爱读，但是挑不出任何短处。张爱玲巨大的旗袍阴影之下，新锐女作家不脱，如何出头？

《边城》

沈从文只念过小学，对汉语的贡献比所有念过中文博士的人加起来还多。

《洗澡》

同样写知识分子生活，同《围城》是夫妻篇。钱钟书比杨绛元气足，是更好的小说家。杨绛比钱钟书更懂得收敛和控制，是更好的文体家。

《白金的女体塑像》

天妒英才，二十七岁就早逝了。这一篇的调停布置比郁达夫那篇著名的课桌文学《沉沦》不知道强多少。

《台北人》

出手便知家学和幼功深厚，这样的文笔，如一手漂亮的瘦金体毛笔字，不知道以后到哪里找。

《绿化树》

如果那一拨人里没出来更多这样的文字，都是"四人帮"的过错。

《鹿鼎记》

韦小宝是比阿Q更典型的中国人物。刘邦、刘备、朱元璋在基因上和血缘上一定是韦小宝的近亲。

《大人物》

古龙的自传，那时候好像没有太大的出活压力，写得难得的从容。古龙有一支有魔力的笔，绝对是个大人物。

《受戒》

明末小品式的文字，阅读时开窗就能闻见江南的荷香。但是一百年后评价汪曾祺的成就，首推的很可能是剧本《沙家浜》。

《棋王》

再看感觉有些做作，没有他现在的随笔精气内敛。文笔太内敛太老道也有问题，仿佛奶太稠，挤出的产量严重受限。最令人钦佩的还是阿城的态度，写不出来就不写，珍惜羽毛爱惜名声。

《在细雨中呼喊》

余华最早的长篇，他最好的东西，也是他那拨人中最好的长篇。我不相信他这辈子能够超越这一篇所达到的高度。不如学学格非，找个名牌大学去教书，培养下一代文学女青年。

《动物凶猛》

有时候一部几千万字关于"文革"的论著不如几万字的一篇小说更说明问题，《动物凶猛》就是一个例子。写得太急了，有些浪费了一个好题材。如果当初沉一沉，就这个题目写个长篇，垫棺材底儿的资本就有了。

《黄金时代》

生命灿烂，人生美好，即使是"四人帮"也不能破坏。好在有小波在，要不大家都认为王朔就全权代表北京精神了呢。

《窗外》

"文章憎命达"，要是琼瑶阿姨考上大学，世界将会怎样？还记得林青霞演《窗外》时的样子，双手托腮，仿佛一朵莲花绽开。现在莲花谢了，结了莲子，自己也搞得不男不女了。

小品文的四次浪漫

到底什么是小品文，有多种说法。这个词可能最早现于南北朝，指佛经缩写本。《世说新语》刘孝标的注释提道："释氏《辨空经》，有详者焉，有略者焉，详者为《大品》，略者为《小品》。"我望文生义，用我自己的定义。小品文第一要小，篇幅小，少则一二十字，多不能过几千字。小品文第二要有品，有性有情，妙然天成，"求之不必得，不求可自得"。小品文第三要是文，不是诗不是词不是曲，不谈韵脚，没有定式，天真烂漫，无法无天。

小品文第一次烂漫是在先秦，庄周、孔丘、老聃、吕不韦以及那些凭舌头吃饭的苏秦张仪们（他们的臭贫被详细记录在《战国策》）。这里面文采最盛的是庄周。他细致时，逻辑之缜密不让十七、十八世纪的那帮德国哲学家。他灵动时，鱼在瞬间变成大鸟，人在瞬间变成蝴蝶，比卡夫卡的《变形记》更牛。少年时读到"天地与我共生，而万物与我为一"，我正在困惑自己从哪儿来又要到哪儿去，庄周立刻成了我的青春偶像。在之后的岁月里，我知识越多越反动越来越不明白，不知道自己这块料该怎么办，还是庄周的小品给我提示。庄周说他得到一个硕大无比的葫芦，无可处置，最后决定把硕大无比的葫芦放到硕大无比的海里，一无是处的自己坐在里面到处漂着。

　　小品文第二次烂漫是在明朝，李渔、张岱、三袁、金圣叹、王季重。这里面邪气最足的是李渔，别人因为吃喝玩乐而身败名裂，李渔靠吃喝玩乐安身立命。有一阵子，我把庄周和博尔赫斯掺着看，越看越觉得世界古怪，山非山，水非水。我问我妈："您是我妈吗？我爸前世是外星人还是北溟的八爪鱼？"我妈当时一句话没说，骑车就去学校找我老师谈话去了。后来，我把李渔和亨利·米勒掺着看，发现生活真的像席慕容说的那样：天是这么蓝，草是这么绿，生活本来可以如此简单和美丽。亨利·米勒说：实在想不清楚就找个姑娘干。李渔在他唯一的长篇小说中简洁明了，说未央生要先做成间第一才子和娶到天下第一佳人之后才能皈依佛祖。爬到山上，跳进水里，山还是山，水还是水。

　　小品文第三次烂漫是在民国，周作人、林语堂、周树人、梁遇春。这帮人，小时候在私塾被灌四书五经唐诗宋词，长大被送到东洋西洋学物理数学植物人体。小时候摸过小脚，长大近距离闻过洋婆娘的香水味道。世道动荡，摆不稳一张书桌，这些人所有幼时功夫成年阅历都挥洒在小品文上，不惊天地泣鬼神也难。周作人的小品文更是臻于化境，白话文五百字，从从容容把一个大问题说得清清楚楚，不带一丝火气，难得的涩味和简单。俗话说，文人相轻，文章是自己的好，老婆是人家的好。但是记者问周树人，当今谁的小品文好，周树人还是做出如下排序：周作人，林语堂，周树人。

　　小品文第四次烂漫是在现在，阿城、黄集伟、李敬泽、李碧华、王小波、张驰、布丁、狗子、冯唐（排名不分先后，具体排名见2100年1月1日各大报纸杂志文学副刊）。时代好呀，文人好像又可以自由思想和自由表达了。一方面，"礼崩乐坏"，旧思想旧体制在改革中被打破，没人替你想了，大家不得不自己动脑子了；另一方面，那么多的报纸杂志冒出来，有人付钱给你让你好好想想，不一样地想想；最后，现在都后现代了，人们时少事烦，没精力按过去的方式仰观天象俯思人生。再短一点，再快一点，方便面、麦当劳、流行歌曲、一夜情，小品文正好满足大家的要求，出个彩儿，晃你一下，就好了。然后你打开电脑，又该干正经工作了。

　　小品文从来不登堂入室。小品文不是满汉全席，不是黄钟大吕，不是目不斜视的正室夫人。小品文是东直门的香辣蟹、麻辣小龙虾，是《五更转》、《十八摸》，是苏小小不让摸的小手，是董小宛不让上的小床。文人们不可能靠小品文当一品大员或是进作家协会，但是他们靠小品文被后人记住。当他们的尸骨早已经成灰，他们的性情附在他们的小品文上，千古阴魂不散。

好色而淫，悱怨而伤

小时候读古书，再大些读洋文，遇到不认识的字，我从来不查字典。如果不认识的字少，看看上下文，蒙出个大概意思；如果不认识的字多，索性大段跳过，反正也不是高考试题、新婚必读，也不是我家的族谱。

《诗经》也是这样读的，连蒙带猜读《国风》，大段跳过《大雅》、《小雅》。《国风》写得真好，"有女怀春，吉士诱之"。和冯梦龙编的《挂枝儿》一样好，"怎如得俺行儿里坐儿里茶儿里饭儿里眠儿里梦儿里醒儿里醉儿里想得你好慌"。和中学操场边上的厕所墙壁一样好，"校花奶胀，我想帮忙"。

之后看关于《国风》的书评，说《国风》"好色而不淫，悱怨而不伤"，心中充满疑问。如果"青青子衿，悠悠我心"不是"好色而淫"，"行迈靡靡，中心摇摇。知我者谓我心忧，不知我者谓我何求。悠悠苍天，此何人哉"不是"悱怨而伤"，我真的不知道什么是"好色而淫，悱怨而伤"了。或许书评人是白痴，不知道长期"好色而不淫"是要憋出前列腺癌的，不知道长期"悱怨而不伤"是要促成精神分裂症的。或许书评人只是心好，珍爱文字，担心被封杀，给这些鲜活的文字续上一个光明的尾巴,不至于太明目张胆。

有一点是可以确定的,《国风》之后,这样"好色而淫,悱怨而伤"的文字在主渠道再也看不到了。《红楼梦》只是"好色",《金瓶梅》、《肉蒲团》只是"淫"。杜牧、李商隐只是"悱怨",屈原只是"伤"。现在的苏童、余华、贾平凹什么也不是,他们的文字扫过去,感觉好像在听高力士和杨玉环商量用什么姿势,真性情真本色的东西不知道什么时候早已被骟掉了。曾国藩的才气精力耗在了治世,文章实在一般。但是他大山大河走过,大军大事治过,见识一流。他说文字有四象,"所谓四象者,识度即太阴之属,气势即太阳之属,情韵少阴之属,趣味少阳之属"。其实,太阳、太阴的文字是治世的文字,与传世无关,与狭义的文学无关。如果纯看传世的文字,"好色"是少阴,"淫"是少阳,"悱怨"是少阴,"伤"是少阳。趋势是,上古以来,阴气渐重,阳气渐少,一言不合拔刀相向、两情相悦解开裤裆的精神越来越淡了。

《国风》之后,这样直指人心的文字继续隐忍恬退地生长在酒肆歌寮,床头巷陌,厕所墙壁,互联网络。

日本的文字是个特例,芥川龙之介,川端康成,三岛由纪夫,仿佛日本的庭院山水,相比中国本土,更好地继承了战汉盛唐的筋脉气血。

喜欢川端康成的沉静、收敛、准确、简要。"好色而淫,悱怨而伤"集中体现在他的《千只鹤》。茶道大师的儿子睡了父亲临终前钟爱的女人以及他同父异母的妹妹。后来那个女人相思太苦,死了。那个妹妹相思太苦,走了。那个阴魂不散的志野陶茶碗,碎了。一百页出头的文章,一上午读完,天忽然阴下来,云飞雨落,文字在纸面上跳动,双手按上去,还是按不住。那句恶俗的宋词涌上心头:"问世间,情是何物,直教生死相许?"

"非典"时期读《鼠疫》

四月前,"非典"病毒好像计算机病毒,只在互联网上乱传。市面上歌照唱、舞照跳、马照跑。当时在深圳做项目,客户把谣言从网上打印出来,问,您原来做过大夫,这病是真的吗?板蓝根、醋熏管用吗?我说,第一,我原来是妇科大夫,主攻卵巢癌;第二,这网上的描述一会儿说是粪口传播,一会儿说是血液传播,一会儿说是空气传播,至少有谣言的成分;第三,板蓝根和醋熏没有特异性,和自己骗自己差不多。客户还是很兴奋地去抢购了板蓝根和白醋,过了一阵很兴奋地对我说板蓝根和白醋都脱销了,又过了一阵很兴奋地对我说有广州市民喝预防药中毒了、熏白醋熏死了。

四月之后,"非典"病毒好像柳絮因风起,到处都是:电视里、广播里、报纸里、杂志里、大街的墙上,当然更少不了互联网。最拍案惊奇的是小区里出现了广播车,二十几年没见了,每天下午,广播"'非典'防治十条",喇叭的质量真好,音频调得真好。在十八层楼上,我听得真真儿的。

深圳去不了了,"天上人间"关门了,"钱柜"关张了,"甲55号"没人了,水煮鱼谢客了,健身房停业了,网吧封了,"三联书店"的消毒水够把人呛成木乃伊了，按摩的盲人师傅摸着黑跑回老家了。

所以闭门，所以读书，所以重读加缪的《鼠疫》。

《鼠疫》的故事发生在一九四一年一个北非的小城：奥兰。一场鼠疫莫名其妙地到来，肆虐一番之后，又莫名其妙地离开。一个叫贝尔纳·里厄的医生和他的战友们如何面对死亡。

一切奇怪地相似。

"四月十六日早晨，贝尔纳·里厄医生从他的诊所走出来时，在楼梯口中间踢着一只死老鼠。"也是四月。

之后，也是经历了震惊、否认、愤怒和悒郁几个阶段。

震惊之后最明显的也是否认："老鼠吗？这不是什么大不了的事。""可是市政府根本没有打算，也根本没有考虑过什么措施，只是先开了一次会进行讨论。""里夏尔认为自己没有权办这件事。他唯一能做的就是向省长汇报。""每个医生只掌握两三个病例，其实只要有人想到把这些数字加一加，就会发觉总数惊人。"

然后是愤怒和悒郁："贝尔纳·里厄一边读着省长交给他的官方电报，一边说：'他们害怕了！'电报上写着：正式宣布发生鼠疫。封闭城市。""但是此时此刻，鼠疫却使他们无事可做，只好在这阴沉沉的城市里兜来转去，日复一日地沉湎在使人沮丧的回忆中。""这样，鼠疫给市民带来的第一个影响是流放之感。"

也涉及通信，当时没有GSM，用的是电报，相当于现在的短信："人们长时期的共同生活或悲怆的情绪只能匆促简短地概括在定期交换的几句现成的套语里，例如：'我好，想你。疼你。'等等。"

也提及广州："七十年前于广州，在疫情蔓及居民之前，就有四万只老鼠死于鼠疫。不过在一八七一年人们尚无计算老鼠的方法，只是个大概的数字。"

也有人抢购，有人囤积居奇，有人酗酒（因为有人宣称"醇酒具有杀菌效能"），有人吃薄荷糖（"药房里的薄荷糖被抢购一空，因为许多人嘴里都含着这种糖来预防传染"）。也放长假，也隔离，也涉及警察和军队。贸易也停顿（"所有店家都关着门，但有几家门口挂着'鼠疫期间暂停营业'的牌子"），旅游也完蛋（"瘟疫结束后也还得过很长的时间，旅客才会光顾这个城市，这次鼠疫摧毁了旅游业"），男女也糜烂（"有一些年轻男女招摇过市，在他们身上可以感觉到在大难之中生活的欲望越来越强烈"）。

如果一切都相似（当然这是不可能的），第二年一月二十五日，"省里宣布鼠疫可以算是结束了。""在二月的一个晴朗的早晨，拂晓时分，城门终于开放了。"

据说，《鼠疫》可以从多种角度阅读（就像现在的"非典"，也有电视里"白衣天使"版，经济观察"走向健康国家"的泛政治版，以及二十一世纪经济报道"天佑华夏"的神鬼版），甚至读出存在主义六个要义中的五个。不知道为什么东西一出名，就变得复杂起来。美国缅因州大筐秤的龙虾到了"顺风"要一虾三吃、四吃、五吃。街头晃起来的姑娘混成苏小小，要讲究"四至"、"五欲"、"七损"、"八益"、"九气"、"十动"、"七十二式"。我讨厌复杂，特别是人为的复杂。龙虾还是生吃，比粉皮鲜美。上床还是脸对脸面对面，不阻碍人与人之间的交流。

名著也一样。《鼠疫》我只读出了两点：

1.死亡威胁下的生活。加缪的描述冷静、科学、乏味，好像医生写病历："昏睡和衰竭、眼睛发红、口腔污秽、头痛、腹股沟腺炎症、极度口渴、谵语、身上有斑点、体内有撕裂感、脉搏变得细弱，身子稍微一动就突然断气了。"

2. 无可回避的灾难和在这种灾难面前，人的无助、智慧、忍耐。

这两点，突出表现在贝尔纳·里厄和帕纳卢神甫的对话和交锋中。这种吵嘴和斗贫对我有莫大的吸引力，类似的还有《红楼梦》开始三十回贾宝玉和林黛玉斗嘴，以及格非《相遇》里苏格兰传教士约翰·纽曼和西藏扎什伦布寺大主持之间的牛皮。

贝尔纳·里厄不相信上帝，帕纳卢神甫坚信上帝。

在鼠疫刚刚发生的时候，帕纳卢神甫进行了第一次布道："我的弟兄们，你们在受苦，我的弟兄们，你们是罪有应得。""历史上第一次出现这种灾难是为了打击天主的敌人。法老违反天意而瘟疫就使他屈膝。天主降灾，使狂妄自大和盲目无知的人不得不屈服于他的脚下，有史以来一直如此，这点你们要细想一番。跪下吧。"

朴素的无神论者贝尔纳·里厄体会得最多的是无助："您听见过一个女人临死时喊叫'我不要死'吗？而我却见到听到了。""作为医生，面对的是一连串没完没了的失败。"

朴素的无神论者贝尔纳·里厄接下来做的是知其不可为而为之："既然自然规律规定最终是死亡，天主也许宁愿人们不去相信他，宁可让人们尽力与死亡作斗争而不必双眼望着听不到天主声音的青天。""鼠疫像世界上别的苦难一样，适用于这世界上的一切苦难的道理也适用于鼠疫。它也许可以使有些人得到提升，然而，看到它给我们带来的苦难，只有疯子、瞎子或懦夫才会向鼠疫屈膝。""神甫应该先去照顾受苦的人，然后才会想证明苦难是件好事。""如果我相信天主是万能的，我将不再去看病，让天主管好了。"

帕纳卢神甫后来看到一个小孩子得了鼠疫，痛苦地死去。他无法解释小孩子为什么罪有应得。在一个刮大风的日子里，神甫作了第二次布道。他的大意是不要试图给鼠疫发生的情况找出解释，而是要设法从中取得能够汲取的东西。神甫没有利用一些唾手可得的解释，比如天国永恒的福乐等着这小孩子去享受。他毫无畏惧地对那天来听他布道的人说："我的兄弟们，抉择的时候来临了。要么全信，要么全不信。可是你们中间谁敢全不信？"

后来神甫也得了鼠疫，他只是说："如果一个神甫要请一个医生看病，那么准有矛盾的地方。"

想起上医学院的时候，一个内科老教授对我们说："不要认为现代医学已经万能了。即使小小的肺炎也会卷土重来。"他说这话的时候，是十年前，他的眼镜后面，我看到瞬间的精光一闪。之后，又是那些正确而又乏味的说教：病毒时刻都在，不是每个人都得，就像漂亮姑娘时刻都在，不是每个人都感到诱惑。"所以，做人要学会敬畏，有所必为有所不为。做事要如临深渊，如履薄冰。"

我想，这也适用于那些长两条腿的除了板凳什么都吃的人们。

读书误我又一年

  日复一日的上班下班，如厕吃饭，长胡子又刮脸，感觉自己原地转圈，世界无聊静止。但是一些小事物提醒你，世界其实是运动的，比如银行户头里逐渐减少的存款，比如脸皮上逐渐张大的毛孔，比如血管里逐渐下降的激素水平，比如脑海里逐渐黯淡的才气，比如心中逐渐模糊不清的一张张老情人的面孔和姓名。其实，自己是在原地下坠，世界无情运动。

  街头竖起了圣诞树，编辑写电子邮件说，年终了，作小结了，一样提醒我，世界其实是运动的，一转眼一年就又没了。

  二〇〇二年的读书，误我又一年。

  二〇〇二年的读书让我更加怀疑读书的意义，感觉上比写书更加荒诞。写书至少反映自恋，至少意淫，至少宣泄。读书好像听房，心理阴暗而没有新意。二〇〇二年的读书，听到的声音嘹亮而不淫荡，古怪而不灵动。

  也就是说，多数是垃圾。

  第一种，洋垃圾。《魔戒》、《哈利·波特》，从洋文翻译过来并不证明不是垃圾。就像古龙抄袭《教父》写了《流星蝴蝶剑》，我不知道《指环王》有没有抄袭《西游记》。可是好莱坞就是霸道，就着一本没头没尾的书，拍了一部没头没尾的电影，一大群人看了之后，没头没脑地找那个不存在的头和尾巴，电影没出来，于是买书看。我问老婆有什么观感，老婆说：魔戒耶！然后和我讲解钻石的4C，然后上网货比三家，然后要我的信用卡号码，然后没两天大钻戒就戴在手上，然后说，拨不下来了，魔戒耶！

　　第二种，画垃圾。《几米绘本》、《我的野生动物朋友》、《你今天心情好吗》，不说话并不证明不是垃圾。书商拿捏人性弱点，读图省力省心，半小时一本，"不能说我没读书呀，不能说我没提高呀。"街上很多美女从读图悟出真理，脸蛋打扮得漂漂亮亮的，头发散开来顺顺滑滑的，可以美目盼、巧笑倩，就是不开口说话。男生看上去也省力省心，不用谈人生谈理想谈国际国内形势，直接谈价钱就好。更恶心的是配上文字的图画书，比如曹聚仁的《湖上》、沈从文的《边城》。原文不错，至少明丽干净，图也不差，至少是山水。但是配在图片旁边的文字实在是太差了，让人想起上世纪八十年代末、九十年代初浙江地区出的日记本，纸通常呈肉粉或屎绿色，封面印着"温馨"、"真情"之类的文字，每页都有一句闷骚的话，比如："你的心海是我的湖泊，每个夜晚我泛舟荡漾、浅吟低唱，每个清晨你会记得昨夜的梦吗？"

　　第三种，肉垃圾。"流星花园"、"周渝民"、"周杰伦"、"河莉秀"，还有假借人体艺术名义出版的各种人体画册（妇女们各个浓妆艳抹，胴体横陈，在深圳街边书报摊可以打散后零张单买）。"流星花园"最伟大的社会意义是解放了人们的思想，让人们认识到，男色，和红色、绿色、黄色、女色一样，也是一种颜色。爱美无罪，好色有理。

　　垃圾不如不读，人不如归去。可能是年纪大了，越来越死吃两三家小馆，一周两次，不醉不归。越来越守着十几年的老朋友，两周一次麻将,不"立(方言,即输光)"不归。越来越贪恋反复读过的老书。宋人说,半部《论语》安天下。闲的时候自己拉了个书单,十部而已,堆在床头,睡前翻翻。将来留给儿子,告诉他,读熟领会后,就能行走江湖,闯些浮名,挣些散碎银子。

王小波到底有多么伟大

　　最早读王小波，是七年前的事情了。书名《黄金时代》，华夏出版社出版，恶俗的封面，满纸屎黄。那时候的出版社编辑好像就这点想象力，书名叫《黄金时代》就得满封面鸟屎黄，书名叫《倩女幽魂》就得满封面鸡屎绿。一个叫王小波的汉子印在扉页上，就是那张日后满大街满书店都见得到的照片：太阳当头照，他站在莎士比亚故居门口，皱着眉，咧着嘴，叉着腰，穿着一件屎黄的T恤衫。简介上说这个王小波是个文坛外的文章高手，说还得了一个台湾的什么大奖。一个文学口味不俗的师姐把小说扔给我，说："值得一看，挺逗，坏起来和你挺像。"这个师姐曾经介绍我认识了库尔特·冯尼格和飞利浦·罗斯，余华刚出道的时候，就被她认定是个好小伙子。我当时正在上厕所，我大便干燥，老妈说因为我让她难产所以老天就让我大便干燥。我就在这种不愉快的干燥中一口气读完了《黄金时代》。当时，我有发现的快乐，仿佛阿基米德在澡堂子里发现了浮力定律，我差一点提了裤子狂奔到街上。

　　小波的好处显而易见。

　　第一，有趣味。这一点非常基本的阅读要求，长久以来对于我们是一种奢侈。好的文字，要挑战我们的大脑，触动我们的情感，颠覆我们的道德观。从我们小时候开始，写小说写散文写诗歌的叔叔大婶们患有永久性欣快症。他们眼里，黑夜不存在，天总是蓝蓝的，太阳公公慈祥地笑着。姑娘总是壮壮的，如果不是国民党特务的直系后代，新婚之夜一定会发现她还是黄花闺女。科普书多走《十万个为什么》、《动脑筋爷爷》一路，只会告诉你圆周率小数点之后两百位是什么，不会告诉你偷看到隔壁女孩洗澡为什么会心跳加快，手心出汗。王小波宣布，月亮也有暗面，破鞋妩媚得要命。读小波的文字，又一次证明了我的论点：女人没有鼻子也不能没有淫荡，男人没有阳具也不能没有脑子。男人的智慧一闪，仿佛钻石着光，春花带露，灿烂无比，蛊惑人心。

第二，说真话。这一点非常基本的做人作文要求，长久以来对于我们是一种奢侈。明白事理之后，我很快就意识到，如果我们将真实的生活写出来，只能被定性为下流文字，谢天谢地我们还有手抄本、地下刊物和互联网等大众传播形式。如果我们把真实的生活拍成电影，只能让倒霉的制片人将血本赔掉，好在我们还有电影节和世界各地的小众电影市场及艺术院线。中国前辈文章大师为子孙设计职业生涯，无一例外地强调，不要在文字上讨生涯，学些经世济民的理科学问。我言听计从，拼命抵制诱惑，不听从心灵召唤，不吃文字饭，所以才能口无遮拦，编辑要一千五百字，我淋漓而下两千字，写完扔给编辑去删节，自己提笔而立，为之四顾、为之踌躇满志。小波老兄，你为什么不听呢？否则何至于英年早逝，鼠辈们也少了让他们心烦的真话听？

第三，纯粹个人主义的边缘态度。这一点非常基本的成就文章大师的要求，长久以来已经绝少看到。文章需要寂寞，文章自古憎命达。生活在低处,生活在边缘,才能对现世若即若离,不助不忘,保持神智清醒。当宣传部长,给高力士写传,成不了文学大师。被贬边陲,给街头三陪写传,离文学大师近了一步。塞林格躲进深山,性欲难耐时才重现纽约街头,报摊买本三级杂志,给杂志封面上著名的美人打电话:"我是写《麦田守望者》的塞林格,我想要和你睡觉。"小波也算是海龟派鼻祖,二十世纪八十年代就回国了,他不搞互联网公司圈钱,不进外企当洋买办,他只在北京街头浑身脏兮兮地晃悠。他写得最好的一篇杂文是《我为什么写作》,在那篇文章里,他从热力学定律的角度,阐述了做人的道理:有所不为,有所必为。

二〇〇二年四月十一日,是王小波逝世五年祭。小波生前寂寞潦倒,死后嘈杂热闹。这些年,这些天,报纸杂志互联网拼命吹捧,小波的照片像影视名人商贾政要似的上了《三联周刊》的封面,一帮人还成立了"王小波门下走狗联盟"。我这个本来喜欢小波的人,开始产生疑问:小波到底有多么伟大?

小波的不足显而易见。

第一,文字寒碜。即使被人打闷棍,这一点我必须指明,否则标准混淆了,后代文艺爱好者无所适从。小波的文字,读上去,往好了说,像维多利亚时期的私小说,往老实说,像小学生作文或是手抄本。文字这件事,仿佛京戏或杂技或女性长乳房,需要幼功,少年时缺少熏陶和发展,长大再用功也没多大用。那些狂夸王小波文字好的,不知是无知还是别有用心。小波是个说真话的人,我们应该说真话,比如我们可以夸《北京故事》真情泣鬼神,但是不能夸它文字好。我们伟大的汉语完全可以更质感,更丰腴,更灵动。

第二,结构臃肿。即使是小波最好的小说《黄金时代》,结构也是异常臃肿。到了后来,无谓的重复已经显现作者精神错乱的先兆。

就像小波自己说的,他早早就开始写小说,但是经常是写得断断续续,反反复复。小波式的重复好像街道协管治安的大妈、酷喜议论邻居房事的大嫂,和《诗经》的比兴手法没有任何联系。要不是小波意象奇特有趣,文章又不长,实在无法卒读。几十年后,如果我拿出小波的书给我的后代看,说这是我们时代的伟大杰作,我会感觉惭愧。

第三,流于趣味。小波成于趣味,也止于趣味。他在《红拂夜奔》的前言里说:"我认为有趣像一个历史阶段,正在被超越。"这是小波的一厢情愿。除了趣味,小波没剩太多。除了《黄金时代》和《绿毛水怪》偶尔真情流露,没有见到大师应有的悲天悯人。至于思想,小波和他崇拜的人物,罗素、福柯、卡尔维诺等等,还有水平上的差距,缺少分量。小波只有三四本书遗世,而且多为中篇。虽然数量不等于伟大,但是数量反映力量。发现小波之后,我很快就不看了。三万字的中篇,只够搞定一个陈清扬,我还是喜欢看有七个老婆的韦小宝。

总之,小波的出现是个奇迹,他在文学史上完全可以备一品,但是还谈不上伟大。这一点,不应该因为小波的早逝而改变。我们不能形成一种恶俗的定式,如果想要嘈杂热闹,女作家一定要靠裸露下半身,男作家一定要一死了之。我们已经红了卫慧红了九丹,我们已经死了小波死了海子,这四件事,没一件是好事。

现代汉语文学才刚刚有了真正意义上的开始,小波就是这个好得不得了的开始。

永远的劳伦斯

　　英文书念得多些的中国人难免会问这样一个问题：中文和英文哪个更优越？我个人固执地认为，这是一个数量问题。数量少，二三十字以下，中文占绝对优势。有时候，中文一个字就是一种意境，比如"家"字，一片屋檐，一口肥猪，睡有屋食有肉就是家。乱翻词谱，有时候，中文三个字的一个词牌就是一种感觉，"醉花阴"，丁香正好，春阳正艳，他枕在你的膝上，有没有借酒说过让你脸红的话？"点绛唇"，唇膏涂过，唇线描过，你最后照一下镜子的时候，有没有想过他的眼睛？五言绝句，有时候，二十字就是一个世界，比如柳宗元的《江雪》，有天地人禽，有千古幽情。数量多些，比如两三千字，中、英文持平。三袁张岱的小品同兰姆、普里斯特利的散文一样耐读。数量再多些，比如二三十万字，英文占绝对优势，中文长篇几乎无一不可批为庞杂冗长，而不少英文长篇充满力量。

　　这种力量感，最强烈地来自劳伦斯的文字。

　　劳伦斯生于一八八五年九月十一日，一九三〇年三月二日死于肺病，终年四十四岁，是本世纪文学史上重要得不能再重要的人物。他上接狄更斯、哈代，下启詹姆斯、福克纳，是近、现代文学的连接人。最重要的作品有：《儿子和情人》、《虹》、《恋爱中的妇女》和《查泰莱夫人的情人》。《儿子和情人》是劳伦斯的成名之作，小说旧瓶子装新酒，篇章结构不出维多利亚小说窠臼，但是社会背景已经不再重要，人物心理开始唱主角。小说写尽恋母情结，有些男人天生是女人的儿子，同妈妈的联系绝对不止是一条脐带，一把剪刀不可能剪断。没有情人，他们不能长大，情人的作用是让他们意识到他们离不开妈妈。美国现代图书馆的二十世纪百部小说排名上，《儿子和情人》远远比劳伦斯其他入选小说靠前，看来酒还是比瓶子更重要，老实作文比故弄玄虚更有效。没准百年后念中文的人偶然记起琼瑶，只是因为《窗外》。《虹》《恋爱中的妇女》和《查泰莱夫人的情人》是松散的三部曲。记得第一次读《虹》的时候窗外雨疏风骤，几十页书念得我心惊肉跳，我忽然发现有些人闲了，可以想出这么多事情，这些小说中的女人，让我想起交配后要杀死雄性伴侣的雌性昆虫。

劳伦斯是能于无声处听见惊雷的人（昆德拉是另一个）。人最大的悲剧不在外部世界，不是地震，不是海啸，而在他的内心。劳伦斯临死前将自己的一生概括为：A savage enough pilgrimage（残酷的朝圣之旅）。或许就是这种苦难，这种对自己的心灵绝不放过的苛求，造就了文字的力量。中国文人最吃不得的是心苦，讲究的是寄情诗酒，内庄外儒，心态平和最重要。或许，文章的区别，中文和英文的区别，说到最后还是人的区别。但是我没有道理地相信，任何一种文字，不吃苦，体会不到苦难，写不出苦涩，一个作家永远成为不了大师。

"她完全沉浸在一种温柔的喜悦中，像春天森林中的飒飒清风，迷蒙地、欢快地从含苞待放的花蕾中飘出……在她千丝万缕互相交汇的身体里，欲望的小鸟正做着美好的梦。"

屈原要是读到这样的文字，一定会想起那些穿兰蕙佩香草和他关系暧昧的女祭师们。但是，现在是二十世纪，不少人已经觉得劳伦斯假道学，充满基督式说教。要是亨利·米勒写人格异化和自然之间的冲突，上面的一段文字就会被一句化代替："当你烦躁迷茫的时候，操。"(《北回归线》"When you feel confused, fuck.")

难能的是当一辈子"流氓"

亨利·米勒是我了解的文化人物中,元气最足的。

从古到今,有力气的人不少,比如早些写《人间喜剧》的巴尔扎克,晚些写《追忆似水年华》的普鲁斯特,中国的写一百七十万字《上海的早晨》的周而复和写二百万字《故乡面和花朵》的刘震云。这些人突出的特点是体力好,屁大股沉,坐得住,打字快,没有肩周炎困扰,椎间盘不突出。他们的作用和写实绘画、照相机、录像机、录音机差不多,记录时代的环境和人心,有史料价值。

从古到今,偶尔也有有元气的人,他们的元气可能比亨利·米勒更充沛,但是由于各种不同的原因,留下的痕迹太少,我无法全面了解。比如孔丘,抛开各种注解对《论语》做纯文本阅读,感觉应该是个俗气扑鼻倔强不屈的可爱老头,一定是个爱唠叨的人,但是,当时没有纸笔,如果当时让孔丘直抒胸臆,现在大熊猫一定是没有竹子吃了,长跑运动员一定是没有王八汤喝了。耶稣对做事的热情大过对论述的热情,不写血书,只让自己的血在钉子进入自己肉体的过程中流干净。佛祖可能在文字身上吃过比在女人身上还大的亏,感觉文字妖孽浓重,贬低其作用:如果真理是明月,文字还不如指向明月的手指,剁掉也罢。晚些的某些科学家,想来也是元气充沛的人,比如爱因斯坦,热爱妇女,写的散文清澈明丽,可能是受到的数学训练太强悍,成为某种束缚,他最终没能放松些,多写些。

亨利·米勒是思想家。亨利·米勒的小说没有故事,没有情节,没有成形的人物,没有开始,没有结束,没有主题,没有悬念,有的是浓得化不开的思想和长满翅膀和手臂的想象。真正的思想者,不讲姿势,没有这些故事、悬念、人物像血肉骨骼一般的支撑,元气剽悍,依然赫然成型。既然不依俗理,没有系统,亨利·米勒的书可以从任何一页读起,任何一页都是杂花生树,群莺乱飞,好像"陌上花开,君可徐徐归"。在一些支持者眼里,亨利·米勒的每一页小说,甚至每十个句子,都能成为一部《追忆似水年华》重量级的小说的主题。外国酒店的床头柜里有放一本《圣经》的习惯,旅途奔波一天的人,冲个热水澡,读两三页,可以气定神闲。亨利·米勒的支持者说,那本《圣经》可以被任何一本亨利·米勒的代表作替代,起到的作用没有任何变化。别的思想家,是在大量阅读的基础上,站在巨人们的肩膀上,添加真正属于自己的一层砖瓦,然后号称构建了自己的体系。亨利·米勒不需要外力。一个小石子,落在别人的心境池塘里,智识多的,涟漪大些,想法多些;智识少的,就小些,少些。亨利·米勒自己扔给自己一个石子,然后火山爆发了,暴风雨来了,火灾了,地震了。古希腊的著名混子们辩论哲学和法学,南北朝的名士们斗机锋,都有说死的例子,如果把那些场景记录下来,可能和亨利·米勒的犀利澎湃约略相似吧。

亨利·米勒是文学大师。崇拜者说,美国文学始于亨利·米勒,终于亨利·米勒。他一旦开始唠叨,千瓶香槟酒同时开启,元气横扫千军。亨利·米勒是唯一让我感觉像是个运动员的小说家,他没头没尾的小说读到最后一页,感觉就像听到他气喘吁吁地说:"标枪扔干净了,铁饼也扔干净了,铅球也扔干净了。我喝口水,马上就回来。"

我记得第一次阅读亨利·米勒的文字,天下着雨,我倒了杯茶,亨利·米勒就已经坐在我对面了,他的文字在瞬间和我没有间隔。我在一秒钟的时间里知道了他文字里所有的大智慧和小心思,这对于我毫无困难。他的魂魄,透过文字,在瞬间穿越千年时间和万里空间,在他绝不知晓的北京市朝阳区的一个小屋子里,纠缠我的魂魄,让我心如刀绞,然后胸中肿胀。第一次阅读这样的文字对我的重要性无与伦比,他的文字像是一碗豆汁儿和刀削面一样有实在的温度和味道,摆在我面前,伸手可及。这第一次阅读,甚至比我的初恋更重要,比我第一次抓住我的小弟弟反复拷问让他喷涌而出更重要,比我第一次在慌乱中进入女人身体看着她的眼睛、身体失去理智控制更重要。几年以后,我进了医学院,坐在解剖台前,被福尔马林浸泡得如皮球般僵硬的人类大脑摆在我面前,伸手可及。管理实验室的老大爷说,这些尸体标本都是解放初期留下来的,现在收集不容易了,还有几个是饿死的,标本非常干净。我第一次阅读亨利·米勒比我第一次解剖大脑标本,对我更重要。我渴望具备他的超能力,在我死后千年,透过我的文字、我的魂魄纠缠一个同样黑瘦的无名少年,让他心如刀绞,胸中肿胀。那时,我开始修炼我的文字,摊开四百字一页的稿纸,淡绿色,北京市电车公司印刷厂出品,钢笔在纸上移动,我看见炼丹炉里炉火通红,仙丹一样的文字珠圆玉润,这些文字长生不老。我黑瘦地坐在桌子前面,骨多肉少好像一把柴火,柴火上是炉火通红的炼丹炉。我的文字几乎和我没有关系,在瞬间,我是某种介质,就像古时候的巫师,所谓上天,透过这些介质传递某种声音。我的文字有它自己的意志,它反过来决定我的动作和思想。当文字如仙丹一样出炉时,我筋疲力尽,我感到敬畏,我心怀感激,我感到一种力量远远大过我的身体、大过我自己。当文字如垃圾一样倾泻,我筋疲力尽,我感觉身体如同灰烬,我的生命就是垃圾。

亨利·米勒一辈子思考、写作、嫖妓。他的元气,按照诺曼·米勒的阐释,是由天才和欲望构成的,或许这二者本来就是同一事物的两面。我听人点评某个在北京混了小五十年的老诗人,其中有一句话糙理不糙:"流氓,每个有出息的人小时候都或长或短地当过,难得的是当一辈子流氓。"这个评论员说这番话的时候,充满敬仰地看着老诗人。老诗人喝得正高兴,下一顿的老酒不知道在哪里。他二十出头的女朋友怀着他的孩子坐在他的身边,老诗人偶尔拍拍他女人的身体,深情呼唤:"我的小圆屁股呦。"

亨利·米勒讲起过圣弗朗西斯,说他在思考圣徒的特性。Anais Nin问为什么,他对Anais　Nin说:"因为我觉得我是地球上最后一个圣徒。"

小猪大道

　　猪和蝴蝶是我最喜欢的两种动物。

　　我喜欢猪早于我喜欢姑娘，我喜欢蝴蝶晚于我喜欢姑娘。猪比姑娘有容易理解的好处：穿了哥哥淘汰下来的大旧衣服，站在猪面前，也不会自卑。猪手可以看，可以摸，还可以啃，啃了之后，几个小时不饿。猪直来直去，饿了吃，困了睡，激素高了就拱墙壁，不用你猜它的心思。猪比较胖，冬暖夏凉，夏天把手放到它的肉上，手很快就凉爽了。猪有两排乳房，而不是两个。等等这些好处，姑娘都没有。

　　发行第一套生肖猴票（T46，庚申猴）的时候，由于只发行了三百万张，半年就从八分钱的面值升到两块。那时我上小学，才学了算术。我和我老妈算：全国十亿人，三百多人才轮上一张猴票，这三百多人里就有三十来个属猴的，猴票的价格还得涨。我老妈给了我两块钱，放在贴肉的兜里，叫我去黑市买猴票。我在崇文门邮市买到猴之后，在王府井附近一个工艺品商店的橱窗里看见了一个猪造型的存钱罐。造型独特，我从没见过。青底青花，母子猪，大猪在下面驮着上面的小猪，两头猪都咧嘴乐着，小猪背上开了一个口子，钢镚儿就从那里进去，标价两块。我立刻觉得，同是两块钱，比猴票值。一、两个猪比一个猴，多；二、培养攒钱的好习惯；三、那个大猪身材像我老妈，大腿粗，小腿极细。我跑到东单邮电局邮市，两块两毛卖了那张猴票，买了母子猪存钱罐子，又买了一根奶油双棒冰棍。我告诉我老妈，我老妈夸我算术学得好，日回报百分之十，这一天过得有意义。

又过了两年，庚申猴票涨到十块一张了，母子猪存钱罐满大街都看得到了，我遇到邮电局就绕着走，把母子猪塞进床底下。我老妈把钱罐翻出来，摆在我的小书桌上，她说了一句话，这句话二十年后，我在书里听麦兜老妈麦太说起。麦太因为盲目信任麦兜的童子手气而没中六合大彩，麦兜羞愧地低下了头。

我老妈当时和麦太说的一样："我们现在很好。"

麦兜不仅是一只猪，而且是一只生活在低处的猪，一只饱含简单而低级趣味的猪，一只得大道的猪。

麦兜生活在低处，麦兜们天资平常，出身草根，单亲家庭，抠钱买火鸡，没钱去马尔代夫，很大的奢望是有一块橡皮。

我在香港住的地方是老区，统称西营盘，英国鬼子最早打到香港岛，驻扎军队的地方。上下班的时候，在周围左看右看，常常看见很多领着麦兜的麦太们，麦兜们穿着蓝色校服，麦太们烫着卷花头。麦兜麦太走过没有树的水泥便道，皇后大道西和水街的交会处，挂着直截了当的横幅，"维护西区淳朴民风，反对建立变相按摩院"。麦兜麦太走进茶餐厅，套餐二十元，冻饮加两元，穿校服者奉送汽水。我香港的同事Jackie告诉我，她还是麦兜的时候，从广州来香港，她妈妈挤出所有能挤出来的钱让她上了个好学校，同学们都出自香港老望族，他们的爸爸们都抹头油，小轿车车牌只有两位数。学校老师要求，每个小童都学一个乐器，提升品行，她同学有的学大提琴，有的学钢琴，Jackie问妈妈她学什么，妈妈说屋子小，给Jackie买了个口琴。

麦兜饱含简单而低级的趣味。麦兜们说："没有钱，但我有个橙。"橙子十元四个，问西营盘附近的水果摊子老板，"哪种甜？"老板会说真话，不会总指最贵的一堆。在麦兜们眼里，每个橙都是诚实朴素的，杀入橙皮，裂开橙瓣，每一粒橙肉都让人想起橙子在过去一年吸收的天光和地气。吃橙的十分钟，是伟大而圆满的十分钟。麦兜们拜师学六合谭腿，专攻撩阴腿，暗恋师傅的女儿，"不是没风无情，也就是偶然的一笑，像桂花莲藕，桂花沁入一碌藕。"麦兜们长大了，几个人在深圳包一个二奶，一个人供她房，一个人买车，一个人出汽油钱和青菜钱。聚在一起，没什么话说，就很欢喜。在麦兜们眼里，所有二奶都是女神，年轻，苗条，白，笃信只有猪才能称得上帅气。

这种低级趣味，绵延不绝，从《诗经》，到《论语》，到《世说新语》，到丰子恺，到周作人，到陈果，到麦兜。我要向麦兜们学习。我以后码字，只用逗号和句号，只用动词和名词，只用主语和谓语，最多加个宾语。不二逼，不装逼。觉得一个人傻，直截了当好好说："你傻逼。"不说："你的思路很细致，但是稍稍欠缺战略高度。"甚至也不说："你脑子进水了，你脑子吃肿了。"

麦兜得了大道。麦兜做了一个大慢钟，无数年走一分钟，无数年走一个时辰，但是的确在走。仿佛和尚说，前面也是雨，在大慢钟面前，所有的人都没有压力了，心平气和，生活简单而美好。麦兜没学过医，不知道激素作用，但是他总结出，事物最美妙的时候是等待和刚刚尝到的时候。这个智慧两度袭击麦兜，一次在他的婚礼上，一次他老妈死的时候。

　　我在一个初秋的下午，等待十一长假的到来，翻完了四本麦兜。我坚定了生活在低处就不怕钱少的信念，我认为所有人都用上抽水马桶就是共产主义，我确立了直截了当说"你傻逼"的文学宗旨，我饿了吃，我困了睡，我激素高了就蹭大树，我想起了我老妈，我眼圈红了。麦兜麦太说："我们已经很满足，再多已是贪婪。"

金大侠和古大侠

如果人是一种酒杯，生命便是盛在这酒杯中的酒。这世界上有两种懂得体会生命的人。

第一种懂得体会生命的人轻轻举了杯子，在风里花里雪里月里，在情人的浅嗔低笑里慢慢地品着杯子里的酒，岁月无情，酒尽了，人便悄悄地隐去。这样的人有陶潜、小杜、李渔、纪昀。第二种懂得体会生命的人，抓起杯子一饮而尽，大叫一声："好酒。"然后把杯子抛了，发出响亮的声音。这样的人有荆轲、霍去病、海子、三毛。

但是，这世界上更多的是第三种人，平凡的人。他们挣着不多不少的薪水，干着不重不轻的活。办公室里是俗不可耐的科长以及对之不会产生任何邪念的女同事。下班见的是忙着柴米油盐酱醋茶的老婆以及晚上睡觉白天还困的儿子；按一定比例出车祸，患阳痿早泄，每周性交零点八次；杯子中的酒慢慢地蒸发掉，想不到喝，也不知道如何喝；酒没了，杯子也就没了存在的必要，仿佛油尽了灯也就熄了。

于是不甘心平凡的人开始期待鲜活的生命，渴望稀得的放纵，至少希望在书里读到另外一种生活，懂得体会生命的人拥有的生活。于是有了武侠小说，有了金大侠和古大侠。

金大侠，一分为二是金庸。合二为一就是"镛"，查良镛是他的原名。他同他第一部小说的主角陈家洛一样出生于浙江海宁的望族。1952年香港有一场著名的拳师比武，《新晚报》决定同时推出武侠小说连载以满足"好斗"的读者，这便有了梁羽生的《龙虎斗京华》。这篇谈不上好的东西却引出了金大侠手痒之作《书剑恩仇录》。

金大侠的文字不温不火，温厚淳朴，平平静静讲故事。单选一段，你觉不出如何了得，没太多雕栏玉砌可圈可点，但是却挑不出差错。读上一百页，你便会感觉大气，便会感觉世界已经离你远去，便一定要把故事读完。

金大侠自己比较喜欢《神雕侠侣》、《笑傲江湖》等感情比较强烈的文字。依我看，金大侠笔力的最佳范围是四十万字，《侠客行》、《连城诀》是精品中的精品，再长的就多少有些枝蔓。《鹿鼎记》是个例外。我一直认为《鹿鼎记》是几百年后仍可以流传的三种现代小说之一。

古大侠原名熊耀华。在淡江大学读书时便手不释卷，也就是在这个时候开始写武侠小说卖钱换酒。古大侠早期作品受金梁二人影响很大，如《铁骑令》。但是古大侠在《绝代双骄》中文风为之一变，少了历史背景多了诡异的对白。《武林外史》中再一变，更斜锋出笔，情节更诡异，古龙体正式形成。金大侠用他十四部书名的第一个字，做了一副对联："飞雪连天射白鹿，笑书神侠倚碧鸳。"再加一部《越女剑》共十五部，除此之外定是赝品。古大侠的作品太多，一两个对子概括不了，但只要你读过一两部后期真品，就会知道什么是古龙体。只要知道了什么是古龙体，读上两页就会知道手里的书是真是假了。

古大侠的文字明快爽利，直夺人心："在精心剪裁的衣着掩饰下,他看起来还是要比他的实际岁数年轻得多。还是可以骑快马、喝烈酒,满足最难满足的女人。"在这样的文字的魔力下,故事不完,你不可能放下它。

金大侠与古大侠的区别,是大师与才子的区别。古大侠才气不输金大侠但学识逊之。金大侠有香港大学和北京大学的名誉学位,有自己创办的《明报》,有太平山山顶上的豪宅。

金大侠是第一种懂得体会生命的人,古大侠与金大侠相比,更像个江湖人。有人说他是醉死的,有人说他是大醉后被人用刀砍死的,总之他死在自己描写得最多的东西上,死得像他笔下的人物。古大侠是第二种懂得体会生命的人。

对于更多的平凡的人来说,现在的问题是古大侠去了,金大侠封笔了,电视节目实在无聊的那些长夜该如何度过呢?

文字趣味

　　这次不讲具体的书，只泛泛谈谈书中的文字趣味。

　　传说中，仓颉造字之后，有鬼夜哭。文字在诞生伊始，便蕴含着被泄漏的天机，饱蘸着地府的神秘。文字之于笔墨中讨生涯的书生，仿佛五味之于厨匠，在日日的蒸文煮句中，多少能体会并表达出一些神秘天机下的文字趣味。

　　稍稍抽象些的文字仿佛名山胜水。山水无尽，风里雾里秋日春日，都有不同的样子。文字无穷，得意失意少时老时，"爱"、"痴"、"宽容"、"生命"、"幸福"……都有不同的含义。"老僧初参禅，见山是山，见水是水。后得些智识，见山非山，见水非水。现如今，见山仍是山，见水仍是水。"读文字亦如参山水。野史里曾载一山僧在僧房的四壁画满了《西厢》故事，来客问他缘由，山僧讲"我悟'崔莺莺临去时秋波那一转'"，文字每用一次，便多一层意思，数千年文字史下来，每个字汇里都凝聚了无数先人智慧，够你穷尽一生。多少巨著，只是略略谈了一个字汇：《红与黑》只谈了野心，《人性枷锁》只谈了欲望，《大白鲸》只谈了勇气……

即使被用烂了的文字也仿佛日日见惯的姑娘，如果你静心仔细体会，绝对不乏美感。比如在宋词里被超高频使用的"销魂"：不用"破"，不用"损"，而用"销"，那缓慢、隐秘、却一刻不停、不堪细思量的刻骨铭心！不是"骨"，不是"肉"，而是"魂"，魂没了，还剩什么？剩下的那些还有什么意义？还有词牌。这些被词人用来用去、不稍稍留意的三字字汇，细细想来都是有情有景有境的绝妙好词：荷叶杯，梧桐影，点绛唇，如梦令……

五经易通，一味难得。人常说杜甫可学，李白不可学，或许就是这个意思。李白绝对有才，随手捻来二十字："纪叟黄泉里，还应酿老春。黄泉无李白，沽酒与何人？"（注："老春"是种美酒。）当时我念到第三遍的时候，眼泪就流出来了。这几百年来，多少人被这二十个字感动过？之后的几百年，又有多少人会泪流？这是怎样的二十个字呀！日本人于唐人中首推白居易。也是二十字："绿蚁新醅酒，红泥小火炉。晚来天欲雪，能饮一杯无？"诗的题目是《问刘十九》。红泥，绿酒，阴天，白雪。酒是水做的火，泥是火中的土，屋外是冷冷的天气。心中有个能相邀共饮的朋友，不就如同在人间能有一处生了火的屋子安身吗？——白居易绝对有才。

文字的趣味不独中文有。中国人看"笑"字觉得可喜，西方人看"Laugh"也会觉得愉快。中文强于表形，西文强于表音，西方文字亦有独到的趣处。比如"Plum"这个单词："pl"——牙齿咬破薄而韧的果皮，"um"——咀嚼多汁的果肉，味道在嘴里回旋："嗯，好吃。"还记得一首西文小诗，讲"雾"，最后一句："Then, it moves on."M-O-V-ES-O-N，你慢些读，在浓重的鼻音中，可以触摸到雾的缓缓移动。

古时候，没有纸，中国用龟甲兽骨，西方用羊皮。那时候，青灯下的史官、僧侣面对黄卷,心里是种圣洁的虔诚。他们如果走在今天的街头,看着满街的错字,书摊上满是"酥胸大腿"的报刊,会觉得是对文字的一种怎样的亵渎呀!

关于书的话

　　传说仓颉造字的当晚，有鬼哭泣——文字里藏有被泄漏的天机。文字写成的书在古时候金贵异常，刻在龟甲兽骨上的《诗经》、《周易》只存在王宫豪宅。写在羊皮上的一本《圣经》要用去三十只小羊。那时候，有一本书不异于现在有一辆奔驰600或是三桅游艇。那时候，只吃粗面包饮清水的僧侣在一豆油灯下读那金贵异常的书籍，心中虔诚异常。

　　如今，书不那么金贵了，省下一顿啤酒，就能捧回来大大小小的一摞，但是我的虔诚依旧。数年前，用一块驳色的随形寿山石刻过一方阳文小印：耽书是宿缘。蘸了朱砂，钤在书的扉页上，红白分明，触目惊心。古人讲的不错：寒读之当之以裘，饥读之当之以肉，欢悦读之当之以金石琴瑟，孤寂读之当之以良师挚友。

　　读读读，书中自有千钟粟。鲁迅提过的内山书店老板内山完造，对于在他的书店里偷书的人从来不管，他曾讲过："爱书的人，他一有了钱，一定爱买书的。现在被偷，就等于放了账。而且，少雇些人看偷书的，反而省钱。"内山是解人，但是更通达的人会想到：爱读书，脸皮又厚到肯偷书，身手又好到能偷到书的人，假以时日，不愁大富大贵。

　　读读读，书中自有颜如玉。身边的能人比起史书中的英雄，不配提鞋。周围的名花比起《香艳丛书》中的美人，面目可憎。几十年前，叶大麻子德辉讲：老婆不借书不借。其实，他印过《素女经》，因为有伤风化进过大牢，老婆不借是假，书不借倒是真。拿起一本翻了多年的字典，抚摸油腻润滑的书页，想起那一夜，灭了灯，衣服如灰烬般落尽，她的皮肤在我手掌下潮起潮落。想起北朝尚武少年写的那首关于爱刀的小诗："一日三摩挲，剧于十五女。"买来一本新印的诗集，把头埋进书页，呼吸间是油墨和纸张的清香，想起那个和自己风花雪月过的姑娘，把头埋进她的长发，长发是否像昨天一样柔软？那发香是否还缠绕在心头？

　　读读读，书中自有黄金屋。以书橱为四壁的屋子，再小，也是我的黄金屋了。读过三联出的曹聚仁的书话，文章记不得了，但是记得它的装帧。素白的封面上除了书名，只有一帧小画。画上一书一剑，一灯一碗，画旁行草小诗：捡书烧烛短，看剑引杯长。想到一种境界，一个地方——天堂。

女人文字

　　传说中仓颉造字,有鬼夜哭。那鬼一定是女鬼。

　　放下手里的书,喝一口浓茶。灯檠茗碗之间一阵恍惚,灵感一现:文字如女人。

　　诗是眼光交会。

　　罗曼·罗兰的两列火车缓慢交错,不同车上的一男一女隔窗互望,车过人逝,眼神还在;庞德的巴黎地铁站里,几张人面在人群里忽隐忽现,枯枝上几片花瓣;杜牧的春风扬州路上,十三岁的小姑娘从珠帘缝间冲他一笑,豆蔻花娉娉袅袅艳在枝头。

　　散文是浅浅深深地聊天。

　　小酒吧里光线昏暗,没有相思入骨,没有海枯石烂,手里一杯"蓝色记忆",眼里的你简单而平静。可以谈昔日情网,也可以谈小时候的风筝。爸爸老了,时常和他一起洗洗菜做做饭比和一些男孩空谈感情更加有益身心。结束时没有拥抱,也没有亲吻,一声"多保重"就像聊天的那句开场白:"最近还好吗?"

　　小说是和女人发展一段关系。

　　没写之前,你会搜集记忆,会读主题类似的书,仿佛行房事之前浏览几分钟成人录像以产生冲动。你会想象，根据那个女孩的音容品性设想和她相处的日子。但是你永远不能肯定，不能看清细节。别浪费时间了，有了冲动就开始写吧。慢慢地，小说的走势便不再由你控制，它会有一个结局，但是女人是嫁给你还是就此离去，你在发生之前永远无法知道。

　　对女人有冲动，便会有话要说，写下来，就是文字。不用寻章摘句，不用拣词抠字，这样的文字自有文采在。对女人的冲动没了，即使多年培养出的鉴赏力还在，你也只能去做评论家了。拜伦夸张了一点："谁写文章不是为了讨女人欢心？"但是，他的话有真理在：没有女人就没有文字。甚至这个真理的推论也是正确的：没有某种女人就没有某种文字。你的情人头染金发，已经改名麦当娜，你如何送她一阕《一剪梅》？

老聘的金字塔原则

进了麦肯锡公司,我被训练的第一个玩意儿是金字塔原则。后来证明,这也是之后诸多训练中,最宝贵最有用的玩意儿。

阐明金字塔原则的是一个叫Minto的外国老太太,面容慈祥,金头发金链子金镯子,言语唠叨。她啰里啰唆写了一大本书,其实,我用一百字就能说清楚。Minto没学好自己阐明的金字塔原则,或者是故意啰唆,充字数印书卖钱得版税,不用再在麦肯锡每周工作八十小时,当苦力加速身体折旧。

用一句话说,金字塔原则就是,任何事情都可以归纳出一个中心论点,而此中心论点可由三至七个论据支持,这些一级论据本身也可以是个论点,被二级的三至七个论据支持,如此延伸,状如金字塔。

这些事情可以很复杂,如:我们是什么,我们从哪里来,我们要到哪里去,世界经济五年的走势,以及中国社会保障体系的建立等等。这些事情也可以很简单,如:小贾见到姑娘为什么会脸红,老妈每天喝半斤白酒是不是很危险,以及当高中时候的梦中情人问你她现在该不该带着三岁的女儿离婚,你如何回答等等。

对于金字塔每一层的支持论据,有个极高的要求:MECE

（Mutually exclusive and collectively exhaustive），即彼此相互独立不重叠，但是合在一起完全穷尽不遗漏。不遗漏才能不误事，不重叠才能不做无用功。

金字塔原则看似废话，但确实是一个伟大的原则，一个伟大的方法论。

伟大用途之一，解决问题：当你尝试解决问题时，你从下到上，收集论据，归纳出中心思想，从而建造成坚实的金字塔。有了这个大致的目标，问题解决起来最有效。

伟大用途之二，管理手下：如果你是领导，有经验，有手下，对于某个问题，你根据经验提出假设，迅速列出第一级三至七个支持论据，分别交代给不同的手下。两周后，手下提交报告，你汇总排列，从而建造成坚实的金字塔。有了这个原则，管理起来最有效，领导做得最轻松。

伟大用途之三，交流成果：问题已经解决，金字塔已经建成，需要交流的时候，你从上到下，从金字塔尖尖向领导汇报。过去皇帝早朝殿议，给你三分钟，现在你在电梯里遇到领导，给你三十秒，你只汇报中心论点和一级支持论据，领导明白了，事情办成了。如果领导和刘备一样三顾你的茅庐，而且臀大肉沉，从早饭坐到晚饭，吃空你家冰箱。你有讲话的时间，他有兴趣，你就汇报到第十八级论据，为什么三分天下，得蜀而能有其一。有了这个原则，交流起来最有效。

作为中国人，需要小心的是，我们传统上日常生活的交流，不是从金字塔尖尖到金字塔基底的，而是相反。比如我们通常这样对小王的妈妈说：小王吃喝嫖赌抽，坑蒙拐骗偷，打瞎子骂哑巴，挖绝户坟敲寡妇门，小王是个坏蛋。我们通常不这样对小王妈妈说：小王是个坏蛋。然后看看小王妈妈的反应，再进一步提供证据：小王吃喝嫖赌

049

抽，坑蒙拐骗偷，打瞎子骂哑巴，挖绝户坟敲寡妇门。纯用金字塔原则交流，在中国，容易找抽。

作为中国人，可以骄傲的是，我国文化博大精深，外国人所有的一切都是偷我们祖宗的，所以不是毕达哥拉斯百牛定理而是勾股弦定理，所以阴阳仪是最早的计算机，所以不是Minto的金字塔原则而是老聃金字塔原则：孔丘在春秋时代开了一家有三千个咨询顾问的管理咨询公司，帮助各个野心邪跳的诸侯通过加强基础管理而提升业绩。孔丘请教老聃如何培训新招的咨询顾问，老聃说，告诉他们，第一个要掌握的原则是，道生一，一生二，二生三，三生无数。

卷二

那些人

我知道的巴金

我最早知道巴金是因为小学语文课本。那时候的小学课本充满弱智信息,主要编撰目的是方便弱智老师出弱智问题,促进学生逐渐走向弱智。小学语文老师考试前暗示重点,最喜欢提的就是巴金。围绕巴金,可以出三四道填空题:巴金,原名(李尧棠),字(芾甘),其代表作《爱情三部曲》和《激流三部曲》分别是(《家》、《春》、《秋》,《雾》、《雨》、《电》)。

我还知道巴金有一身真功夫。从个人兴趣出发,我喜欢李白,不喜欢杜甫,喜欢古龙,不喜欢金庸,喜欢钱钟书沈从文,不喜欢茅盾巴金。但是作为写字的,我无法否认茅盾巴金身上的真功夫,他们不行气如空,不行神如虹,他们隔山打牛、寥寥长风。真功夫的感觉还来自数量,巴金三四个三部曲,有没有人看,都是一种高度。真功夫的感觉还来自于创作的持续,三十岁之前喷出三四本长篇之后,四十岁之后还能写出他最好的作品《寒夜》,还能悟到文字上的伟大不是来自题材的宏大和叙事的雄伟,反而是来自小人物琐碎事里透出的恒久微光。

我还知道巴金有一席真话。巴金八十岁写作《随想录》,不够痛快,不够凶狠,但是至少不是假话。当时,文人基本可以分为二类,说假话的和不说话的。巴金绕着弯弯的真话,在那时候,已经是雷、是电、是雨。

我还知道巴金有一本杂志。百分之八十的文学男青年和文学女青年飘荡在北京,但是最好的文学杂志《收获》却在上海,一本杂志就是一本中国现代文学史。我过去有过一个文学青年女友,最大的兴趣爱好是读小说和谈恋爱。她说,如果我能在《收获》发表一篇长篇小说,她就收心,戒掉恋爱,替我一辈子煎茶煮饭。

我最近几天知道,巴金去了,一九〇四年到二〇〇五年,他生命最后的三十四年和我生命最初的三十四年重合。我想,最真实的,最现世的,也就是最恒久的。我想,我再使劲儿活,也活不过百岁,我还有六本长篇小说要写,我剩下的时间不多了。我想,我就剩这么一点理想了,我要用文字打败时间。

妍媸且无论,自有文章惊海内

从第一次见黎宛冰开始,就听她不停唠叨:"成名当须早,成名当须早,冯唐你应该把你的小说赶快出版。"我知道她在劝我的同时也在激励自己,于是就在回答她的同时也尽量安慰自己,为自己的懒惰找借口:"板凳甘坐十年冷,文章不著一句空。大器晚成,厚积薄发。"最近,黎宛冰终于出版了她的小说处女作《人人都说我爱你》,黎姐姐已经三张的岁数了。春节前,样书印出来,在三里屯南街的一个酒吧,黎宛冰召集聚会。有免费新书,有免费啤酒,圈子里各路神仙道长、魑魅魍魉都到齐了。书的装帧爽洁中一点旖旎:中文题目,颜体肥满;英文题目,拼写正确;黎宛冰一张小照片,穿个小花坎肩。书放在手里沉甸甸的,我挺为黎宛冰高兴。

从第一次见黎宛冰开始,就听她不停唠叨:"你觉得我长得怎么样?你别撇嘴,要是比尔·盖茨替我包装,砸下上千万的美金,我这个长相就是绝代佳人。"黎姐姐说这话儿的时候眼里桃花一点,胸前奶光一闪,旁边站立一个微笑点头的德国中年男子。我当时觉得她说得真有道理。现在她的小说出版了,这个问题就不好回答了。如果说黎宛冰好看,就是骂她是美女作家;如果说不好看,也少不了得白眼。不如借马叙伦评杨度的态度，妍媸且无论，"自有文章惊海内"。

《人人都说我爱你》是一部人人都该看看的小说。

看点之一，直指女人心。在现在的社会，不用刻意敞开心扉，各种互相矛盾的信息已经汹涌而至：古今、中西、文理、正邪。信息爆炸本身是个很恐怖的词汇。我上医学院的时候，为了让小白鼠理解中国现代读书人的处境，上午给它听崔健，下午给它听莫扎特。一三五给它听《枪和玫瑰》，二四六给它听瞎子阿炳，星期天不休息听新闻联播。三个月后，小白鼠疯了。描述这种处境，古典的"时间地点人物情节"和现代的"意识流魔幻现实"等等都显得苍白无力。黎宛冰采取的方式近乎禅宗：不要时间，不要地点，不要人物，不要情节，不要意识，不要魔幻，直指女人心。比如："……仲夏夜的微风有着醪糟的薰然气息，随风潜入夜润物细无声，男女之间的微细的化学反应总是在这样的时刻发生，用大量奢侈的词汇和欧式长句也无法抒发的感觉。小B体内的酶在源源不断地大量分泌，经过半瓶的红酒之后，小B的心绪透明而混乱，这时她已经把自己危险地暴露于这个男人老于世故的眼光之下，可是小B不自量力地对自己说，如果男人里面也有尤物的话，他就是。"再比如，"小B惊奇地想，他居然也结婚了。然后，就陷入了一阵突发的烦恼中，她的烦恼在静止的时间中加剧着，直到流出泪水，她恨恨地想，这么多年了，这个人居然还能让我流泪。但这泪水并不为任何人，在泪水流出的时候，她发现笼罩了她这么多年的，初恋的神秘的魔力永远地消失了。现在他是一个再平庸不过的男人，和她的青春一样平庸。她任由自己沉浸在泪水中，岁月，她曾经有过的最柔和的岁月全部倾倒过来，她几乎喘不过气来，为了那样糊涂的痴恋和痛苦。它们不会再来骚扰她的安宁了，为此她使劲地呼吸着这忘却的空气。"

　　看点之二,凸显生活。我固执地认为,作家有义务记录下他们所处的生活状态。画鬼容易画人难,描画生活状态是最要功夫的。所以几乎所有当红或红过的前辈作家写神、写鬼、写帝王将相、写六朝粉黛、写日本鬼子、写上海滩流氓大亨,就是不写眼前,不写他们所处的生活状态。作怪永远容易,"于无声处听惊雷"永远困难,听出趣味来更难。同样一本小说,二十万字左右的东西,我读老舍,大笑了三次。王小波,两次。王朔,两次(限于其四卷本文集之一和二,其余多为垃圾)。石康,一次。我读黎宛冰的《人人都说我爱你》,大笑了一次,偷笑了一次。黎宛冰借着记者身份,该看的不该看的都看了:边远山区、老少边穷、邪教形成、互联网骗局、行为艺术、愤青、流氓作家。比如:"……这个小城和中国的大多数小县城没有多少区别,唯一能标明它是座城市的是,一个街心的广场。广场上有一座矫揉造作的雕塑,这些僵硬的人手心向天,你争我夺地顶着一只球。我在小城里总见到这样的雕塑,以各种形式顶个球:工农兵顶个球,民主和科学顶个球,人类和动物顶个球,虚构和现实顶个球,男人和女人顶个球,它们分布在许多城市里,变成标志城市文明的丑陋景观。"再比如,"……我对村长说:您唱歌真好听。村长笑着说:这算啥,新郎倌唱得才好听呢,他唱的都是流行的。"又比如,"……我们刚刚来到喝晚茶的地方,天空开始飘下鹅毛大雪,季康抒发着二十世纪七十年代末的文学情怀,来吧,就让这场雪好好地荡涤人间阴暗。他夸张地张开双臂,和我们每个人都拥抱了一下,我们轮番拥抱,尽显革命战友的情谊。"

　　至于这本小说能不能让"人人都说我爱你",我有两点担心。第一个担心是故事性不强。虽然故事完全不能帮助我们更好地描述生活状态，但是故事是大众的阅读期待。我有一天回家，看见老妈在聚精会神看电视剧，电视剧里三男三女，多角恋爱，之后老妈在饭桌上不厌其烦地向我描述了这个多角故事的发生和发展过程。于是我得出结论，"老妪能解"从白居易时代到今天都是流行的必要标准，而"老妪能解"的必要条件是有故事。第二个担心是逻辑不够流畅。比如结构可以起承转合得更紧凑，比如语言可以修剪得更干净。

从出生年月来看，黎宛冰属于二十世纪七十年代。无论七十年代的作家如何挨骂，舞台迟早会被他们占据。无论他人如何贬低和否认，七十年代的作家没了太多"苦大仇深"，有了足够的中西学养，少了条条框框，多了万卷书万里路的历练，后现代新古典，更完整意义上的小说文字早晚会在他们笔下产生。黎宛冰的《人人都说我爱你》是这艰难过程中的一步。

如何成为一个怪物

我羡慕那些生下来就清楚自己该干什么的人。这些人生下来或者具有单纯的特质。如果身手矫健、心止似水,可以去做荆轲。如果面目姣好、奶大无边,可以去做苏小小。或者带着质朴的目的,比如詹天佑生下来就是为了修一段铁路,比如孙中山生下来就是为了搞一场革命。我从生下来就不知道自己该干点什么。我把自己像五分钱钢镚儿一样扔进江湖上,落下来,不是国徽的一面朝上,也不是麦穗的一面朝上。我这个钢镚儿倒立着,两边不靠。

其实很早我就知道我只能干好两件事情。第一是文字,我知道如何把文字摆放停当。很小的时候,我就体会到文字的力量,什么样的文字是绝妙好词。随便翻到《三曹文集》,"青青子衿,悠悠我心。但为君故,沉吟至今",就随便想起喜欢过的那个姑娘。她常穿一条蓝布裙子,她从不用香水,但是味道很好,我分不清是她身子的味道还是她裙子的味道,反正是她的味道。第二是逻辑,我知道如何把问题思考清楚。随便翻起《资治通鉴》,是战是和,是用姓王的胖子还是用姓李的瘸子,掩卷思量,洞若观火。继续看下去,按我的建议做的君王,都兵强马壮;没按我的建议做的,都垂泪对宫娥。

我从小就很拧。认定文字是用来言志的,不是用来糊口的,就像不能花间喝道、煮鹤焚琴、吃西施馅的人肉包子。逻辑清楚的用处也有限,只能做一个好学生。

我手背后,我脚并齐,我好好学习,我天天向上。我诚心,我正意,我修身,我齐家,我治国,我平天下。我绳锯木断,我水滴石穿,我三年不窥园,我不结交文学女流氓。我非礼不看,我非礼不听,我非礼不说,我怀了孟子。我忙,我累,我早起,我晚睡。

但是,我还是忘记不了文字之美。

上中学的时候,我四肢寒碜小脑不发达,不会请那个蓝布裙子跳恶俗下流的青春交谊舞。我在一页草稿纸上送她一首恶俗下流的叫做《印》的情诗,我自己写的:

我把月亮印在天上

天就是我的

我把片鞋印在地上

地就是我的

我亲吻你的额头

你就是我的

上大学的时候,写假金庸假古龙卖钱给女朋友买蓝布裙子穿。我学古龙学得最像,我也崇尚极简主义,少就是多,少就是好。我描写姑娘也爱用"胴体"。我的陆小凤不仅有四条眉毛,而且有三管阳具,更加男人。

上班的时候,我看我周围的豪商巨贾,拿他们比较《资治通鉴》里的王胖子和李瘸子,想象他们的内心深处。假期不去夏威夷看草裙舞,不去西藏假装内心迷茫。明月如霜,好风如水,我摊开纸笔,我静观文字之美。

两面不靠的坏处挺多。比如时间不够，文字上无法达到本可以达到的高度。数量在一定程度上决定质量，至少在很大程度上决定力量。比如欲望不强烈，没有欲望挣到"没有数的钱"，没有欲望位极人臣。就像有史以来最能成事的曾国藩所说："天下事，有所利有所贪者成其半，有所激有所逼者成其半。"我眼里无光，心里无火。我深杯酒满，饮食无虞。我是个不成事的东西。这和聪明不聪明，努力不努力没有关系。

两面不靠的好处也有。比如文字独立，在文字上，我不求名、不求财，按我的理解，作我的千古文章。我不教导书商早晚如何刷牙，书商也不用教导我如何调和众口、烘托卖点。比如心理平衡。我看我周围的豪商巨贾，心中月明星稀，水波不兴。百年之后，没有人会记得他们，但是那时候的少年人会猜测苏小小的面目如何姣好，会按我的指点，爱上身边常穿一条蓝布裙子的姑娘。

倒立着两边不靠，总不是稳态。我依旧不知道自己该干什么。年轻的时候，这种样子叫做有理想。到了我这种年纪，我妈说，这种样子就叫做怪物。

橡皮擦不去的那些岁月痕迹

总体上说，和杂花生树、群莺乱飞的南方报纸杂志相比，北京的报纸杂志太天安门、太长安街、太中国历史博物馆、太人民大会堂了。北京办报纸杂志的人可以大体分为两类，真弱智的和装弱智的。但是办出来的东西，却出奇的统一和一致：天总是蓝蓝的，姑娘总是壮壮的，黑夜不存在，极个别的几个坏人，留着小黑胡子，脑门上写着两个隶书黑色大字："坏人"，祖国的形势像是吃了几百吨壮阳药，硬挺挺的想疲软一小会儿都不行。

所以一直喜欢《三联生活周刊》。版式爽静，文笔通顺，信息繁而不贫，涉猎杂而不乱，选题永远热点，发言每每擦边但是总能不踩地雷。铜板彩印，长度也适当，大方便的时候，翻完半本就可以找手纸了，睡觉之前，翻完一本就犯困了。尤其是当三联的《读书》杂志越来越像二流落魄文科学究的学术通讯的时候，尤其是刚发刊的时候，《三联生活周刊》好得简直不像北京出的杂志，在一定程度上捍卫了北京作为文化中心的地位，丰富了我们打击上海人、广东人的精神武器。

逛书店看见一本黄色封面的小书《有想法没办法》。杨葵编的，作家社出的，布丁写的，收集了《三联生活周刊》现任副主编苗炜（笔名布丁）借工作之便，在"生活圆桌"板块上发表过的大多数小文章。《三联生活周刊》靠"生活圆桌"板块加些佐料，咸一点，甜一点，麻辣一点，人文一点，灵动一点。爱屋及乌，想也没想，买了回家。

有个周末，屋外风起雨落，不在网上挂着，不去我爸妈家不去我老婆爸妈家，关了手机，所有的饭局牌局离我远去。就着一桶大可乐，我细读布丁的文字，脉络渐渐显现，感觉和大方便的时候不一样，不是一点一滴的感触和感动，而是淋漓成雨，笼罩天空。想起过去，想起上房揭瓦碎人家玻璃的过去，想起夏天看同桌的女孩热得没穿胸衣的过去，想起橡皮擦不去的那些岁月痕迹。有些粗俗，有些淫荡，难得发现一个视角与趣味和自己如此相似的人，我们都相信"在无聊中取乐，低俗一些，这比较接近生命的本质"。真是遗憾，没有很早认识这个叫布丁的写东西的人，否则中学就可以一起出板报，大学就可以一起出校刊了。

这个叫布丁的人也注意到，古龙爱用"胴体"一词："早些年我看古龙的小说，古龙总爱用'胴体'一词，还总喜欢描述女人的腿，有时我感觉他的女主角只长着两条腿，在当时的我看来，女人身上总有些部位比腿更值得描写。"我那时候，还特地查了《现代汉语词典》，上面清楚写着：胴体即身体。我还是执着地认为，胴体比身体淫荡一千倍，胴体是个文学词汇，身体是个科学词汇。我那时候，充满好奇，总想知道事物之间的差别，比如我的身体和我同桌的身体之间的差别。我还特地查了《新华字典》，里面没有男人体、没有女人体、没有男孩体、没有女孩体，只有一张人体图解，画了一个五大三粗的男子，一正一反两张，穿了个齐头短裤，包得严严实实。

这个叫布丁的人也爱看犯罪电影，也注意到罗伯特·德尼罗，也推崇《美国往事》。就像布丁引用的心理学家的说法："在许多成年人心中，犯罪是一件具有美感的事，因为它意味着反抗权威、破坏秩序、挣脱束缚，这种以自由为代价的行为充满自由的美感。"《美国往事》是我心目中经典中的经典，不知道比《教父》要简洁明了多少。世界好像永远就是这样，几个一起混的兄弟，一个倾国倾城的姑娘，一个满是现金的银行，一个充满背叛和忏悔的复杂关系。

其他的相似还有很多，比如他也记得很久以前，去有录像机的同学家看录像仿佛流氓聚会；比如他也注意到最早在合资酒店工作的人，经常偷回些小瓶洋酒和小瓶洗发水，是大家艳羡的对象；比如他也明白，古龙酗酒好色，其人其文都充满缺憾，但还是因此而有力量，古龙的文章，由于这种原始力量，百年后还是有人读出兴奋。等等，等等。

因为从来不分析自己作品的技巧，所以也不愿意分析一个视角与趣味和自己如此相似的人。缺点还是很明显：太软，太薄，太小，生活之上的和生活之下的都没有多少，但是这不是什么大不了的事情，现在的问题是作家太多了，有性情有灵气的写字的人太少了。

合上书，屋外风住雨霁。瞬间感觉自己老了，开始查看那些橡皮擦不掉的岁月痕迹。过去最常骂的一句话是：你大爷的。连和初恋的姑娘分手，都一边狂骑自行车一边心里默念这四字真言。屈指算来，过不了几天，我就是某些小孩子货真价实的大爷了，再骂"你大爷的"，也占不了什么便宜了。

饭局及酒及色及一万里路山河及二十年来文章

我和艾丹老哥哥混上是通过我的书商石涛。我的第一本小说出得很艰难,历时十一个月,辗转二十家出版社。结果仿佛是难产兼产后并发症的妇人,孩子没生几个,医生、护士、其他像生孩子一样艰难创作的作家倒是认识了一大堆。

那天是在平安大街上一个叫黄果树的贵州馆子,有二锅头,有狗肉,有我,有艾老哥哥,有石涛,有孔易,有两个女性文学爱好者,有刚刚做完肛肠手术的平面设计大师陈丹。最惨的就是陈丹,不能大碗喝酒,大块吃肉,双手还要像体操运动员一样把屁股撑离椅面,免得手术创口受压肿痛。艾老哥哥说:"叫两个小菜吃吃。"于是就定下了之后所有见面的基调:有饭局有酒有色。

饭局。地点遍布京城,去得最多的是"孔乙己"。江南菜养才子,孔乙己生活在低处、从不忘记臭牛逼,鲁迅思想端正、道德品质没有受过"文革"污染,所以我们常去。饭局中,最牛逼的就是我艾老哥哥。据《北京青年报》报道,艾老哥哥是三里屯十八条好汉之首。他在饭局和酒局里散的金银,足够收购十八家"孔乙己"和十八家芥末坊。这辈子到现在,我见过三个最牛逼的人,第一个是我大学的看门大爷，他一年四季穿懒汉鞋，一天三顿吃大蒜；第二个是我实习时管过的一个病人，当时同一个病房还住了一个贪官，天天有手下来看他，带来各种鲜花和水果，还住了一个有黑道背景的大款，天天有马仔来看他，带来各种烈酒。我管的那个病人是个精瘦小老头，十几天一个人也没来看过他，一个人蜷缩在角落里，忽然一天，来了十几个美女，个个长发水滑，腰身妖娆，带来了各种哭声和眼泪。我的精瘦病人是舞蹈学院的教授，和李渔一个职业，指导一帮戏子，我觉得他非常牛逼；第三个就是艾老哥哥，听人说，如果万一有一天，老哥哥落魄了，他吃遍京城，没有一家会让他买单。

酒。十回饭局，九回要喝大酒。男人长大了就变成了有壳类，喝了二锅头才敢从壳里钻出来。艾老哥哥，一个"小二"（二锅头的昵称）不出头，两个"小二"眨眼睛，三个"小二"哼小曲，四个"小二"开始摸旁边坐着的姑娘的手，五个"小二"开始摸旁边坐着的某个北京病人的手。艾老哥哥酒量深不见底，他喝"小二"纯粹是为了真魂出壳，为了趁机摸姑娘。

色。十回饭局，十回有色。文学女青年，文学女学生，文学女编辑，文学女记者，文学女作家，文学女混混，文学女流氓，文学女花痴。不过，有时是春色，有时是菜色，有时是妖精，有时是妖怪。艾老哥哥伟大，他的眼里全是春色，全是妖精，尤其是十道小菜之后，五个"小二"之后。艾老哥哥眼里一点桃花，脸上一团淳厚，让我想起四十几岁写热烈情诗《邮吻》的刘大白。

如果艾丹是棵植物，饭局是土，酒是水，色是肥料，艾丹的文章就好像是长出来的花花草草。从新疆到旧金山，到纽约，一万里的山河。从小混混到愤青，到中年理想主义者，二十年来家国。都落到一本叫《艾丹作文》的文集里。厚积薄发，不鲜艳，但是茁壮。唯一的

065

遗憾是，花草太疏朗。尤其是当我想到，那么多养花的土，那么多浇花的水，那么多催花的肥料。

  文字说到底，是阴性的。我是写文字的，不是做文学批评的。从直觉上讲，艾丹文字最打动我的地方是软弱和无助。那是一种男人发自内心的软弱，那是一种不渴求外力帮助的无助。世界太强大了，女人太嚣张了，其他男人太出色了，艾哥哥独守他的软弱和无助。男人不是一种动物，男人是很多种动物。艾哥哥是个善良而无助的小动物，尽管这个小动物也吃肥肉也喝烈酒。月圆的时候，这个小动物会伸出触角，四处张望，摸摸旁边姑娘的手。

  做设计的孔易提议，艾丹、石涛、我和他一起开家公司，替富人做全面设计（包括家徽族谱），提高这些土流氓的档次，把他们在有生之年提升为贵族。公司名字都起好了，叫"石孔艾张"（张是我的本姓），合伙人制，仿佛一个律师行，又有东洋韵味，好像睾丸太郎。和艾丹合计了一下，决定还是算了，原因有二，第一是"石孔艾张"这个名字听上去比较下流，第二是怕我和艾丹在三个月内就把这家公司办成文学社，种出很多花花草草。

蚊子文字

　　没见到张驰之前，就反反复复听别人提起他。别人没下什么结论，可我感觉中好像总有这样一号人物，铺天盖地的，流窜在饭局间，打印在报纸上，弥漫在广告里。如果你在北京写文章的圈子里行走，很难不撞上这个有着西瓜肚和冬瓜脑袋的驰老前辈。就好像在很久很久以前的魏晋南北朝，如果你参禅悟道唱《广陵散》喝大酒摸酒馆老板娘屁股做名士，很难不碰上嵇康和阮籍之类的流氓混混。驰老前辈为了强化影响力，还创作并出版了一本叫《北京病人》的书，拉帮结伙，摆出打群架的姿态，追思千年前那个号称BAMBOO SEVEN的流氓团伙。现在，如果你在北京写文章的圈子里行走，想要不撞上这些病人，简直是件不可能的事情。就好像在很久很久以前的南北朝，如果你想摸一个还没有被BAMBOO SEVEN摸过的老板娘的屁股，简直是件不可能的事情。

　　每月一两次，我厌倦了所做本行里的"市场份额"、"税前利润"、"上市融资"等等俗物，我就小衣襟短打扮，到北京写文章的圈子里行走，找小饭馆喝大酒。第一次见驰老，好像是在长城饭店旁边的"小长城"，同席的还有好些当红写手，好像是"博库"请客，说是光景不如网络潮起时，去不了长城饭店"天上人间"，就将就着"小长城"酒家"酱香肘子"吧。我仗着小学参加过作文比赛、初中写过检讨、高中写过情书、大学写过入党申请书，脸皮厚起来感觉自己也是个作家，坐在当红写手之间，酒来酒去，毫不脸红。驰老这个白胖子就坐在我对面，他旁边是个叫艾丹的黑胖子，一白一黑两个胖子喝起酒来深不见底，配合起来进退有致，振振有词。两瓶"二锅头"下肚，我很快发现，自己的酒量比脸皮差多了。再醒来，人已经吐在桌子上了，再醒来，听见我老妈在叫喊，再醒来，我已经在协和医院的抢救室了。我医学院的十几个同学都来了，团聚在我的床旁，掩饰不住的兴高采烈，有人开医嘱，有人叫护士，热火朝天地准备给我静脉点滴速尿和葡萄糖并进行洗胃活动，仿佛我是一只躺在解剖台上的兔子。我隐约听见一个同学说："冯唐还是有才气，醉成这样还在念唐诗：'鸿雁几时到，江湖秋水多'。""鸿雁"是我同学里正经功课念得最好的，如果一定要洗胃，我一定要等"鸿雁"到。至于"江湖秋水多"，我一定是想起张驰和艾丹这两个胖子酒缸，感觉江湖险恶。

　　以后的酒局里，常常见到驰老，驰老总是主持工作，结账的时候用身体堵住门口，维持秩序，强迫在场男士出份儿钱。这时候，我总在想，北京长期列进世界生活指数最高的五大城市，长居不易，这些长得不好的男性艺术家都靠什么养活自己呢？驰老在其中最为殷实稳定，我很少看电视，但是还是常常看见驰老出演的广告。驰老演的广告有一个特点，看过之后，对他的印象非常深刻，但是从来记不住广告试图推销的是什么。其中有一个广告，驰老演一个老爸，表情极其庄重，好像急于证明没有和演妈妈或是演女儿的演员有过任何不正当关系似的。另一个广告，驰老好像跑到一个巨大无比的胃里去折腾，他穿一身紧身衣，饱满而灵动，特别是一脸坏笑，怎么看怎么像一个精虫。

驰老的文字大器晚成，几臻化境，打磨得不带一丝火气，但是力道不减分毫。七岁的小学生读上去基本不会遇上生字，七十的老学究读上去也需要仔细辨别，驰老骂的是不是他。读驰老的文字，感觉像是蚊子。感觉对了，心神一交，一个词，一个句子，一个意象，在你不留神的时候打动你一下。好像蚊子叮你一口，当时没有太多感觉，但是之后想一想，挠几下，感觉不对，越挠越痒，肿起一个大红包。

驰老的大器晚成听说是自然形成的，按驰老自己的话就是："至于说出名须尽早，我不太苟同。因为不管什么人，要想成就一番事业，都有一个瓜熟蒂落、水到渠成的过程。就拿我来说，别看前一段时间一下子出了三本书，可我已经写了二十多年了。所以我跟采访我的记者形容，这就好比堵了很长时间的茅坑，突然一下通了。"听说王朔看过驰老的文字，奇怪写这样文字的人怎么能不蹿红。驰老听说了这种说法激动不已，更认定自己是大器晚成。我同意王朔的说法，但是我昨天逛国贸商城，看见好几十个长得比舒淇还舒淇的长腿美人，但是只有舒淇一个人上了《花花公子》的封面。所以还是希望，驰老这本《另类令我累》让更多的人见识他蚊子一样的文字。

像狗子一样活去

我今年三十,从小到大,总共有过三个梦想。

我的第一个梦想是当一阵小流氓。那时候,可崇拜的太少,三环路还没模样,四大天王还没名头,开国将帅多已过世。那时候,街面上最富裕的是劳教出来没工作两把菜刀练瓜摊儿的,最漂亮的是剃了个刘胡兰头一脸正气的刘晓庆,最滋润的是小流氓。当小流氓,不用念书,时常逃课,趿拉着塑料底布鞋,叼着"大前门"。小流氓们时常聚在一起,好像除了少先队,他们自己还单有个组织,除了读《少年先锋报》论述"社会主义好",他们还集体观看警匪片三级片批判"资本主义糟"。当流氓自然要打架,练习临危不乱、挺身而出、舍生取义等等将来当爷们儿的基本素质。小流氓们没架打的时候,也难免忧郁,于是抱起吉他学邓丽君唱"美酒加咖啡",或者抱起女流氓说瞧你丫那操行一点儿不像刘胡兰。

第一个梦想最终没有实现。小流氓们说我不合格,没有潜质。第一,学习成绩太好,没有不及格的;第二,为人不忍,不愿无缘无故抽隔壁大院的三儿;第三,心智尚浅,被女流氓小翠摸了一下手,脸竟然红了起来。

我的第二个梦想是吃一段软饭。原因之一是希望能一劳永逸。我从小热爱妇女，看到姑娘们的裙裾飞扬和看到街上的榆叶梅花开一样欢喜。我从小喜欢瑞士军刀，带一把出去，替姑娘开汽水瓶的起子、记姑娘电话的圆珠笔、帮姑娘震慑色狼的小刀就都有了。所以男大当婚的时候，希望找到一个像瑞士军刀一样的姑娘：旗下三五家上市公司，还会作现代诗，还谙熟《素女经》。这样一个姑娘就能满足你心理、生理以及经济上的全部需要。原因之二是渴求男女平等。男色也是色，也是五颜六色的一种，也应该和女色有同等的地位。一些男人有一颗好色的心，并不排除另一些男人有一张好颜色的脸。

第二个梦想最终没有实现。最接近的一次，姑娘上妆之后，容貌整丽，好像榆叶梅花开，一点瞧不出实际年龄。手下三五百号人，写的现代诗也旷然淡远，其中一句我现在还记得"我念了一句瞧你丫那操行，天就黑了下来"，读《素女经》也挑得出错儿，说"不就是老汉推车吗？还拽什么文言，弄些鸟呀兽的好听名字"。我的瑞士军刀有一天丢了，我替姑娘开汽水瓶的起子、记姑娘电话的圆珠笔、帮姑娘震慑色狼的小刀一下子都没了。我想，风险太大了，软饭吃习惯了，以后别的都吃不了。可能忽然有一天，心理、生理、饭票都没了，还是算了吧。至于男女平等，还是让那些长得像F4那样有男色的去争取吧。我自己照了照镜子，如果这也叫颜色，那鸡屎黄鸟屎绿也叫颜色了。

我的第三个梦想是像狗子一样活去。我第一次见狗子，感觉他像一小盘胡同口小饭馆免费送的那种煮花生米，他脑袋的形状和颜色跟煮花生米像极了。狗子的活法被他自己记录在一本叫《活去吧》的随笔集里，"我全知全能却百无一用"，"名利让我犯晕……至于名利双收，当然好了，但我一般想都不敢想"，"我们整天什么都不干，却可以整天吃香的喝辣的,这就是二十世纪五十年代我国人民向往的共产主义吧","你们丫就折腾我吧","自古英雄皆寂寞,唯有饮者留其名",就像《钢铁是怎样炼成的》一样,当我三十年后回首往事的时候,我怕我因没像狗子一样活过而悔恨。

一本描述一种生活方式的书,文笔不应该在被评论的范围,但是比起以前出的《一个啤酒主义者的独白》,狗子的文笔的确有长进,其中《活去吧》一篇绝对是当代名篇,百年后会被印成口袋书,被那时候的小姑娘随身携带。可能酒喝出来了,文笔自然就跟着长出来了。现代社会和古代相比,太便宜了当姑娘的。当姑娘的,会唱个卡拉OK、连《唐诗三百首》都没读过就冒充当代李师师了。过去"李白斗酒诗百篇",拿到现在,一篇七绝二十八个字,百篇也就是一篇随笔的量,有什么好牛逼的。狗子喝百扎啤酒,回家炸着脑袋还要想十万字的小说如何布局谋篇,所以狗子和啤酒奋斗的精神与日月同辉。

我不知道我第三个梦想最终能不能实现,我现在的生活充实而空洞。我不敢重读《月亮和六便士》,我不看高更的画。我翻陆游的《放翁词自序》:"少时汩于世俗,颇有所为,晚而悔之。然渔歌菱唱,犹不能止。"当下如五雷轰顶。

到底爱不爱我

　　早在和小翠见面之前，就听过她的种种传奇：说是典型北京姑娘，性格豪爽、蔑俗、自在、粗糙。说是祖籍南方，长相娟秀、高挑、内敛、桃花。说是十四岁出道，敢喝能喝，敢睡善睡，艳名飘扬。总而言之，近几年北京街面上的各路男女名人、老少另类如果只有两个共同特点，第一就是都喝不过小翠；第二就是都睡过小翠（或是被小翠睡过）。

　　如今小翠坐在我面前，传奇缭绕不散，我开始怀疑这些传奇的真实程度。小翠一身职业装，长发，黑袜子，配件搭配精练老道，话不多不少，饭桌上的气氛不浓不淡。如果她不是谈笑间喝了三瓶啤酒，我会怀疑她到底是不是那个传奇中的小翠。

　　小翠一笑，告诉我不要奇怪。太妹不能当一辈子，她金盆洗手，当白领了。当白领对胃很好，定时上班，定点吃饭，业余还上西班牙语课程，感觉天天向上。

　　小翠二笑，告诉我不要奇怪。桃花落尽，她找了一个固定的男友。清华电机毕业，读了MBA，改行干了会计，浓眉大眼，三围比例合适。

"但是我不知道他到底爱不爱我。"

"你灌醉了他之后,问他。"我出主意。

"试过了。我问他,你爱不爱我?他说,爱。我再问,你有多爱我?他说,要多爱就有多爱。我再问,你怎么证明呢?他说,这是公理,不能证明,只能相信。"

小翠决定证伪。小翠睡过哲学新锐,知道公理如果永远不能被证伪,也就成立了。

卖盗版光碟的每周四到小翠的公司上门服务。小翠挑了一张半黄不黄的DVD,周五的晚上播放,要清华男友和她一起看。清华男友说,小翠你自己先看着,屋里太乱,他要做卫生。于是跳将起来,用吸尘器打扫地板,满头大汗。

小翠隔三差五,经意不经意之间暗示清华男友,她从前笑傲"街头"的时候,认识一个叫小红的女子,姿态曼妙,媚于语言,不知道男友有没有兴趣三人同床。小翠仔细描述小红的好处,直到自己都不禁心旌摇曳,身边传来清华男友轻柔而稳定的鼾声。逼到最后,男友义正词严,如果一定要三人同床,小翠再找个男的凑数好了。

每次男友出差,小翠都调查得一清二楚。小翠送他上出租车,算准四十分钟他到机场,电话过去,"你到底爱不爱我?"飞机到目的地,男友的手机刚开,小翠的电话过去,"你到底爱不爱我?"男友酒店登记完,刚进房间,房间里的电话响起,是小翠,"你到底爱不爱我?"给男友一个小时出去吃饭,然后电话过去,"你到底爱不爱我?"清华男友总算能睡了,电话响起,床头闹钟显示早上三点,"先生,要不要小姐按摩?"清华男友急了,"小翠,你不要闹了!我爱你。"电话那边的按摩小姐莫名其妙,"先生别急,先醒醒觉儿,我一会儿就过去。"

我终于明白，英雄末路、美人迟暮是一件多么痛苦的事情，但是更痛苦的是和末路英雄和迟暮美人最亲近的人。

叫我如何不想她

　　告子说："食色，性也。"吃了两根油条，喝了一碗豆浆，春花开了，秋月落了，血管里的激素水平上升，"叫我如何不想她？"如果多问一个问题，"是什么叫我如何不想她？"到底什么是国色，什么是天香？

　　纯从男性角度，非礼勿怪。从大处看来，女人的魅力武库里有三把婉转温柔的刀。

　　第一把刀是形容，"形容妙曼"的"形容"。比如眉眼，眉是青山聚，眼是绿水横，眉眼荡动时，青山绿水长。比如腰身，玉环胸，小蛮腰，胸涌腰摇处，奶光闪闪，回头无岸。比如肌肤，蓝田日暖，软玉生烟，抚摸过去，细腻而光滑，毫不滞手。

　　第二把刀是权势。新中国了，二十一世纪了，妇女解放了，天下二分而有一。如果姑娘说，我是东城老大，今天的麻烦事儿，我明天替你平了。如果姑娘说，我老爸是王部长，合同不用改了，就这么签了吧。如果姑娘说，我先走了，你再睡会儿，信封里有三倍的钱和我的手机号码，常给我打打电话，喜欢听你的声音。姑娘在你心目中的形象，会不会渐渐高大？

第三把刀是态度，"媚态入骨"的"态"，"气度销魂"的"度"。态度是性灵。我的师姐对我说，"怎么办呀，总是想你？洗了凉水澡也没用。"我们去街边的小馆喝大酒，七八瓶普通燕京啤酒之后，师姐摘下眼镜，说摘下眼镜后，看我很好看，说如果把我灌醉以后，是不是可以先奸后杀，再奸再杀。态度是才情，记得我初中的同桌，在语文课上背诵《长恨歌》（背什么自己选，轮到我的时候，我背的是"床前明月光"），字正腔圆，流风回雪。她的脸很白，静脉青蓝，在皮肤下半隐半显，背到"芙蓉如面柳如眉，对此如何不泪垂"，眼泪顺着半隐半显的静脉流下来，落在教室的水泥地面上。多少年之后，她回来，一起喝茶，说这些年，念了牛津，信了教，如今在一个福利机构管理一个基金会。她的脸还是很白，静脉依旧青蓝，她说："要不要再下一盘棋，中学时我跟你打过赌，无论过了多久，多少年之后，你多少个女朋友之后，我和你下棋，还是能让你两子，还是能赢你。"

既然是刀，就都能手起刀落，让你心旌动摇，梦牵魂绕，直至以身相许。但是，形容不如权势，权势不如态度。

形容不足持。花无千日红，时间是个不懂营私舞弊的机器，不管张三李四。眼见着，眉眼成了龙须沟，腰身成了邮政信筒。就像"以利合以利散"，看上你好颜色的，年长色衰后，又会看上其他更新鲜的颜色。形容不可信。如今这个世道，外科极度发达，没鼻子我给你雕个鼻子，没胸我给你吹个胸脯。如果你肯撒钱、肯不要脸，就算你长得像金百万，也能让你变成金喜善。

权势不足持。江湖风雨多，老大做不了一辈子，激流勇退不容易，全身而退更难。那个姑娘的老爸官再大，也有纪检的管他，也有退的时候。软饭吃多了，小心牙口退化，面目再也狰狞不起来。

落到最后，还是态度。"只缘感君一回顾，至今思君朝与暮"。

老人说"尤物足以移人",国色天香们用来移人的,不是Lancome粉底,不是CD香水,是"临去时秋波那一转"。多少年过去了,在小馆喝酒,还是想起那个扬言要把我先奸后杀的师姐。见到街头花开,还是记起"芙蓉如面柳如眉,对此如何不泪垂"。

阿飞姑娘的文化意义

我先后知道了阿飞的方方面面：这个人物、她的音乐、她的文字以及她的部分生活。这几个部分相互重叠交叉，构成一个不完整但是丰富的形象，让我对于阿飞的文化意义更加疑惑。进而反观本心，自己的价值观又一次出现一瞬间的恍惚，仿佛进入三十岁之后，每两三个月一次，那种有震感的心律不齐。

其人物

认识阿飞是通过一个叫"泡网"的论坛。

这个论坛据说聚集了一批二十世纪九十年代中末期就开始泡网的骨灰级人物，多有名记老炮，而且实行会员制，非请莫入。所以当我在信箱里收到"泡网"的邀请信，信上附了密码，我挺得意。

"泡网"分谈琴、论剑、绝色、寻音等论坛。谈琴论坛里多文学青年和文学流氓，言语有味，思路邪仄，所以常去。在论坛里常见一个号称"阿飞"的人上帖，伤春却不自怜自恋，淫荡却不脱衣脱裤，唠叨却不没筋没骨。帖子一扫，就知道是女的，不仅号称流氓（阿飞），而且是女流氓，不仅是女流氓，而且是伤春、淫荡、唠叨的文学女流氓，泡网欣欣向荣啊，祖国形势大好啊。

阿飞偶尔上帖,通告"幸福大街"演出计划。幸福大街我常去,"金鱼盆"的水煮鱼不错,"幸福花园"的杰克丹尼全三里屯最低价,艾未未主笔设计的"甲55"有成吨的水泥钢筋。我问一个网名狂马、状如河马的老大:

"阿飞长得好不好?"

"不好。"狂马一点犹豫没有,刺刀见红,我觉得这个老大具备干咨询的潜质。

"唱得好不好?"

"歌词好。"

"什么路数?"

"朋克。"

朋克,我懂,就是反叛和暴力。如果主唱相貌俗丽,乐队脏兮兮,加上凶杀、色情、反叛和暴力,一定牛逼。曾国藩说"花未全开月半圆"最好,所以不绝对牛逼也有不绝对牛逼的好处,所以推掉晚上杂事,直奔经贸大学南门外那个前不挨村后不着店的酒吧。

其音乐

阿飞站在台上,我踮着脚尖,超越一片人头,望见。身材小小的一个姑娘,穿了个小花棉袄,红的,上面绣着小花。阿飞双手大力掐搂着一个大号话筒,仿佛一个大号的花心筒,阿飞大声尖叫,我对音乐一窍不通,感觉声音嘹亮而扭曲,仿佛处女叫床,痛并快乐着。

我从小就对音乐一窍不通。我小学时候的恩师是个老右派,会拉手风琴,会吹口哨,小分头上头油,风流倜傥,到四五十几岁还有艳遇。我看见过他的胳膊内侧,用口红写的薛涛小楷"劝君早还家,绿窗人似花",不知道是哪个文学女流氓的手笔。我的恩师总是担心我的功夫难以行走江湖,"射、御、礼、乐、书、数",除了"书、数"尚佳,心术不正,四肢无力,五音不全,还不会骑自行车。

"所以你要学音乐,唱歌、跳舞。你总不能见到姑娘就说'我爱你',但是你可以大大方方唱'我爱你中华',每唱到'中华'的时候就用眼睛扫她。再长大些,你总不能见到姑娘就说这是我给你写的诗歌和散文,但是你可以大大方方请她跳一支高尚的青年交谊舞。"

经过包括我哥我姐等众多高手的调教,我还是五音不全,四肢无力,而且更加心术不正。我还是见到漂亮女生就结巴,除了问天气和道路,一句整话都说不出。更可怕的是,几乎在我眼里,所有姑娘,只要常洗脸常笑,都是漂亮的,所以我长期以来,就是个结巴,只能在四百字一张的稿纸上恣肆汪洋。

阿飞唱完,招呼来自"泡网"的歌迷群众,找了一家小馆,问老板有没有啤酒和很大的折扣。尽管阿飞咋咋呼呼,要菜单,安排座位,辱骂老板,但是我看得出来,她应该是个极端内向的人,是我的同类。

第一次和网上的人物见面,我看了看周围落座的十几个人,有的真精神,有的真寒碜,恍惚之间,我们不是坐在三环路边的小馆,而是《西游记》里的山洞:精神的是妖精,寒碜的是妖怪。我一边吃一边琢磨阿飞的音乐,我担心阿飞的音乐不好红。不成调,不上口,就很难进"钱柜"厚厚的歌本。我不懂,我是外行。

一个文学女青年(或是文学女前辈)见没有人陪她喝大酒,于是大声叫着:"喝酒不是这样的。喝酒不是这样的。"没过多久,自己就把自己灌醉了,死活不让别人送她回家,自己打了一个"夏利",开门的时候,差点一把拉掉车门。

经过这么多年,我恩师没有算到的是,这个世界上会存在这么多文学女青年和文学女流氓,我四肢无力,五音不全,但是还能凑合混

081

个吃喝。或许我对阿飞音乐的担心也是多余。

其文字

由于四肢无力，五音不全，我对文字要求严格。文字是红烧肉，文字是汉白玉，文字是普洱茶，文字是女儿红。文字没有什么了不起，所有常用的字都在《新华字典》里有，但是这么多可能的排列组合，有些人想也不想就能抓到最舒服的，有些怎么抓都抓不到痒处。

阿飞送我两本书《小龙房间里的鱼》和《阿飞姑娘的双重生活》，我在里面找到红烧肉、汉白玉、普洱茶、女儿红。更精确的感觉是仿佛吃重庆辣子鸡，辣椒多，鸡肉少。但是，不顾体统，筷子乱拨，找到一块鸡肉，实在是香。总比张爱玲好，全是鸡肉，很少辣椒，太多的机锋感觉拥挤，感觉作者注定红颜薄命。

挑几块鸡肉出来：

比如在《为什么要在冬天唱歌》："我和贝司打了。他不知说了句什么，我说你妈逼，他说你妈逼。我拖着吉他扑了上去，被他在头上打了一记。我哭了起来，很大声。眼泪掉在地上。我没想到眼泪这么巨大，大得让我充满了好奇。最后我抬头嫣然一笑：你打我做什么，我又不是你老婆。""我不想表演，我只想蜷缩起来，唱歌。"

比如在《摇滚歌手的非摇滚生活》："终于快毕业了，小时候捡垃圾的习惯终于得到了报应，我做的课题是环境工程固废组的，叫'中国城市垃圾焚烧可行性分析'。"

比如阿飞的歌词："我是鱼，小龙房间里的鱼，其实你从没有看过我的身体，其实它和灵魂一样一样美丽。"文字取胜不在多，海子不过也就是那三四十个字被人们记得。

阿飞的性情文字，如果挑缺点，就是可能不好卖。阿飞一定有自己的主张，但是感觉她走偏李碧华的路数比偏张爱玲的路数轻松。写几个新派历史色情小说,"魏晋南北朝是一个奇怪的时代,魏晋南北朝是一个美好的年代,那时候路上没有警察和妓女,只有GAY们手牵着手走路。"然后拍电影,然后拍电视剧,然后腆着脸到好莱坞评奥斯卡,然后就牛逼了。

又一次听阿飞唱歌,在CD Café。一屋子的牛鬼蛇神,乌烟瘴气。我只听到一首歌的尾巴,阿飞反复唱:"我要和你一起流氓,我要和你一起流氓,我要和你一起流氓,我要和你一起流氓。"仿佛咒语,我赶快逃窜出来,到机场赶飞机去了。后来看到印出来的歌词,好像是我听错了,其实是:"我说你是一个流氓,我说你是一个流氓。"感觉突然没有了。

其生涯

阿飞经历复杂:清华工科学士,文学硕士,编辑,摇滚歌手,侗族女子,作家。像我一样复杂。我也是少数民族,蒙族,老妈在我高考前抓紧改的,因为能够加十分。阿飞和我聊天,说将来不知道干什么。我说,千万别和我讨论,我从来就没知道过我将来干什么。

八年学医让我的时间观念彻底错乱,过去和将来就像只隔了一层纸,浅浅的没有本质差别。全部生命就在一个核桃壳里,人站在外边,一米八高,一百三十斤,你说过去和将来的区别是什么?

阿飞不抽烟,不吸毒,不上妆,不喝酒,不染头发,不穿鼻环,不知道名牌,不暴露肚脐,不摆姿势,不放纵,不掩饰,不讲故事,不让人联想起暗娼而是联想起巫婆。阿飞不是传统意义上的美女作家。

回想起过去,青春期,发情期,时常困惑,老师帮了我们大忙。做完了一天的功课,老师禁止我们抽烟、泡妞和打群架。价值观飘忽不定,老师强迫我们背诵保尔·柯察金的名言:"生命每个人只有一次……当回首往事的时候,他不会因为虚度年华而悔恨,也不会因为碌碌无为而羞愧。"在当时的背景下,这些话很容易理解。当时的生命里,正经事只有"读书"一件,高中之后还有大学、研究生、博士生、出国留学,纵极想象,也想象不出之后的将来还有什么。保尔·柯察金的意思明确,只有读好书,才不会后悔,才能在那想象不出的之后的将来,大秤分金,大碗喝酒,大床睡那些长着小媚眼和大波波的姑娘。

现在,读过大学、研究生、博士生、洋学位,转眼就到了中学时想象不出的之后的将来。忽然觉察到老师们的狡诈:现在再读保尔·柯察金的名言,狗屁不通,没有定解。金多伤神,酒多伤肝,小媚眼长出皱纹,大波波像小区门口花坛里的大芍药花一样渐渐枯萎。到底如何不因为虚度年华而悔恨,也不会因为碌碌无为而羞愧?

一种解法是,宽容些、开放些、多看看、多听听,生命中没有感动就放过去,有感动就想一想。如果身心带宽足够,双重生活、三重生活,都是正路。

像阿飞说的:"我一直想要一大盒那种包在金纸里的巧克力。这样可以分给别人吃,可以向同屋女友炫耀,可以吃很久,大盒子还可以留着,表明你拥有过这种巧克力。"

刺客列传2004

I. 杀手学校

喜马拉雅山麓，杀手学校。

一峰，一石，一松。一鹰，盘旋在松顶峰尖。

一花，一杖，一老者。一群短衣少年，眼睛齐齐盯住左手莲花右手竹杖的老者。

老者问：人能长生不老吗？

一少年答：不能。

老者右手微动，竹杖慢如竹子拔节快如闪电出云，答题少年的右拇指已变成紫红。在杀手学校，答错一个问题，轻则十天使不了剑，重则少一根手指。

老者问：人能长生不老吗？

一少年答：能。

老者右手微动，竹杖慢如竹子拔节快如闪电出云，答题少年再低眉就看见竹杖的一端已经插入他的人中，但是没有一丝疼痛，没有一滴血。

能？我再多使一毫力气，你就再也不知道生是什么滋味了。老者问：人能长生不老吗？

一少年答：人类能，一个人不能。

老者问：为什么？

少年答：人为血肉之身，都是要腐朽的。人阴阳相合，子孙相续，就能长生。

老者左手微动，莲花的一片花瓣无风而飘落，答题少年伸左手接了。在杀手学校，答对一个问题，可以单独学三式剑法或者去学校图书馆老干部阅览室看三小时《全本绣像金瓶梅》："……西门庆脱了衣裳坐在床沿上，妇人探出手来把裤子扯开，摸见那话儿，软叮当的，托子还带在上面……"

老者继续问：那你活着的最终目的是什么？

少年答：让我的基因保存下来的几率最大化。

老者继续问：用什么方法？

少年答：做帝王，想谁就是谁，章子怡，林志玲，吴妈，莎娃。

老者继续问：如果当不了帝王呢？

少年答：杀。不为帝王就当杀手。杀掉所有比我繁衍几率更大的人。

老者问：连帝王都杀？

少年答：最该杀的就是帝王。我一直问您，您为什么训练杀手？

老者右手微动，竹杖慢如竹子拔节快如闪电出云，答题少年再低眉就看见竹杖的一端已经插入他的人中，没有一丝疼痛，没有一滴血，然后他就一动不能动了，左手心里的那瓣莲花瓣滑落到山谷间。

老者看着那瓣莲花的轨迹说：你不是好杀手。好杀手不问问题，你没看过电影吗？杀手啰嗦两句，就反被好人杀死了。好杀手杀死人之后再向死者倾诉，好杀手知道所有他们需要知道的答案。他们的脑子做他们手的主,他们的手做他们剑的主,他们在瞬间作出一个决定:杀。

II. 荆轲的公元前227

公元前227年冬天的一个中午,燕国都市,街上,人声稀过狗吠。

狗肉张的狗肉火锅摊子刚刚支起,炖狗肉的大锅里还没添葱姜蒜,浓重的酸臊气。高渐离的天上阴间夜总会还黑灯闭户,个别早起的小姐,从旁门出来,裹着棉大衣,就着街道上的下水沟刷牙洗脸。

身材矮小的荆轲站在狗肉火锅摊子和天上阴间夜总会前,大吼一声:早睡早起身体好,狗肉张,高渐离,你们丫别睡了,起床。

狗肉张看见荆轲身上的一个包裹,问:你包裹里是不是一个狗头?这么大?藏獒的吧?值钱啊,还是老规矩,卖我吧,我在试着做白水狗头肉。

荆轲说:你妈,我这种街头霸王,包裹里当然是人头,一颗贵重的人头。

高渐离说:你早上就喝二锅头啊?你要出远门啊?

荆轲说:我今天要最终证明,我才是真正的街霸。真正的任何东西都能不朽:真正的烂妹褒姒,真正的傻逼孔丘,真正的奸夫吕不韦都不朽。我要是不朽了,你们也能沾光,也能不朽。我欠你们太多,狗肉张,我白吃你的狗肉,白喝你的二锅头。高渐离,我白睡你的波霸,白看你的老婆。我生在世上,让你们白听我念《诗经》,白看我舞剑,我泯灭之后,让你们白白不朽,我们扯平。

狗肉张说:你别臭牛逼了。盖聂和鲁句践才是街霸。他们一个剑术比你好,一个棋艺比你好。人家骂你,瞪你,蔑视你,你连屁也不敢放,就跑了。

087

荆轲说：我比他们更街霸。街霸不骂人，街霸杀人。街霸不瞪人，街霸挖人眼珠子。

狗肉张说：田光和樊于期两个豪杰才是真正的街霸，他们说，你的《诗经》都念错了，发音不对。他们说，你的剑术也不好，你没有杀气。

荆轲说：我比他们更街霸。我没有杀气？田光和樊于期两个豪杰都在我面前自杀了，我的剑都没有出鞘，他们的人头就在我包裹里了。你知道什么是成为街霸的最好材料？就是我这样的，我不会吓唬人，因为我从小就没有害怕的概念，我不知道杀和不杀之间的区别。

狗肉张说：好。你去杀了秦王嬴政，你就是街霸了。我送你一条酱狗腿，路上吃。

高渐离说：好。你去杀了秦王嬴政，你就是街霸了。我击筑，送你一首歌，你抱着波霸二重唱吧，别抱我老婆，我老婆还没刷牙洗脸。

燕国的北风呼啸，伴着似冰屑似雪粒的东西，小刀一样削脸。荆轲双手抱起波霸，波霸穿得很少，但是荆轲巨大的双手环绕，仿佛一件狗皮坎肩，波霸听见荆轲叮当乱响的心跳，她一点都不冷。荆轲唱：风萧萧啊，易水寒。壮士一去啊，不复还。荆轲说：狗肉张，我屋子里有一次抱不动的金子，太子丹给的，我知道你缺流动资金，送你了。高渐离，我箱子里有你青春偶像的右胳膊和长头发，太子丹剁的，我知道你暗恋她很久了，送你了。我去杀嬴政。

……

荆轲右手微动，剑杖慢如竹子拔节快如闪电出云，然后嬴政低眉就看见剑杖的一端已经插入他的人中，但是没有一丝疼痛，没有一滴血。

荆轲问：你知道，人能长生不老吗？

嬴政说：我能，人类也能。

荆轲问：你知道，什么人最让顶尖的杀手下不去手吗？

嬴政说：不知道。

荆轲说：真正的帝王。顶尖的杀手会算出，这些帝王的基因比杀手的存活几率大。你比我更该活下来，我爱你胜过爱我自己，你爱你的伟业胜过你爱自己。好杀手不问问题，我知道所有我需要知道的答案。我死之后，你杀掉这大殿上所有的人，然后告诉天下，我的剑没有拔出来。你知道么，我在瞬间作出一个决定：不杀。

III. 朱增禄的公元2004

云南大学，男生宿舍。

一桌，一椅，一床，一杯白水，一个馒头，一只暖壶，朱增禄已经三天没出宿舍去上课了。

朱增禄没有鞋，没钱买鞋。二〇〇四年，父母在送他来云南大学的时候，带了六千元，交完学费，父母买了回家的火车普快硬坐票和几个馒头，把所有剩下的钱都留给了他，包括一元的硬币和一毛的纸币，鼓鼓地装了一个信封。

朱增禄一直在等学校的助学贷款发下来，然后去学校门口的小杂货铺买双温州造的假耐克鞋。温州小老板说，现在不比以前了，十几年前，他们把耐克的弯钩和阿迪达斯的烟叶钉在同一双鞋上，现在，他们镇上牛逼的老板，从意大利聘来顶级的设计师，住在自己家里负责设计新款皮鞋。朱增禄看上的耐克鞋，白底黑钩，干净利落，一点不像假的。他喜欢耐克的那一道弯钩，像是一把弯刀，一把大铁锤，又像一道因失血过多而渐渐稀少的血迹。

这三天，朱增禄反复做三个梦，他无法分析出它们之间的联系。

梦之一是军训。

剃完头,他和所有入学新生统一穿了夏常服,和白杨树一起,一排排站在军营操场上,夕阳下,红闪闪绿油油的一片。他喜欢这种感觉,大家都一样,穿得都一样,头发都一样,不用说话,站着就好,没人知道你家里没钱,没人逼你说话。教导员站在队伍前面,胖得很有威严,两腮垂到下颌骨,头从侧面看,成直角梯形,底边很长,下巴突出。头顶基本秃了,仅存的几缕被蓄得很长,从左鬓角出发,横贯前额,再斜插脑后,最后发梢几乎绕了一圈,回到出发点。

教导员在大喇叭里用河南话喊:

"同学们!同志们!祖国新一代大学生们!你们第一次来到军营,欢迎你们!"

他们鼓掌。

"同学们!同志们!你们来自二十六个省市,一百一十九个县,我的办公室有张空白全国地图,我把你们的家乡全用大头针标出来了!"

他们鼓掌。

"同学们!同志们!到了军营,穿了军装,就是军人!第一次,你们跟我喊个高音,'杀!'"

"杀!"他们齐声喊。

"声音不够大!女生先喊,'杀!'"

"杀!"女生喊。

"好,男生喊,'杀!'"

"杀!"男生喊。

"男生比女生声音还小!大家一起喊,'杀!'"

"杀!"他们齐声喊,杨树叶子哗哗乱动,营房屋顶上的瓦片落地,他们自己被自己的声音吓着了。

"好!吃饭!明天起,吃饭前唱歌!杀!"

梦之二是一个老者。

一峰,一石,一松。一鹰,盘旋在松顶峰尖。

一花,一杖,一老者。朱增禄眼睛齐齐盯住左手莲花右手竹杖的老者,问:"我如何能长生不老呢?"

老者答:"杀掉所有比你繁衍几率更大的人,比你有钱的人,比你能说的人,比你更招小女生喜欢的人,比你更招老师喜欢的人。"

朱增禄继续问:"什么是杀手最好的成长条件?"

老者答:"仇恨和苦难,洗冷水澡,享受孤独。天将降大任于斯人也,必先苦其心志,劳其筋骨,饿其体肤,空乏其身,行拂乱其所为。所以动心忍性,曾益其所不能。"

朱增禄继续问:"最厉害的杀招是什么?"

老者答:"是最简单的招数,一击,毙命。没有花样,就是更快,快得别人没有反应。杀,一个字而已,杀。"

梦之三是燕国都市。

街上,人声稀过狗吠,狗肉张的狗肉火锅摊子飘出一阵阵炖狗肉的香气。荆轲在唱:风萧萧啊,易水寒。

朱增禄说:"偶像,你好。"

荆轲说:"我怎么是你的偶像?"

朱增禄说:"我向你学习。盖聂和鲁句践,一个好像剑术比你好,一个好像棋艺比你好。他们骂你,瞪你,蔑视你,你连屁也不放,走开了。我的同学在我面前摔杯子,骂我,我连屁也不放。有人给我两毛纸币,让我替他洗袜子,他的袜子两个月没洗了,在地板上能立着,我洗了,两毛钱,我买了一个馒头。他们喝酒不带我去,喝多了回来，在我床头撒尿。我的枕头湿了，我等他们尿完，我把枕头翻过来，稍干的一面朝上，继续睡。你是我行动的偶像啊。"

荆轲说："你只学会了我的沉静。"

朱增禄说："我也只学你的沉静。你不是真正的街霸，不是最好的杀手，你最后还是没有杀死嬴政。"

荆轲说："所以说，你只学会了我的沉静。你知道么，我在最后的瞬间作出一个决定：不杀。"

朱增禄说："杀和不杀，在最好的杀手面前，是一样的，就像池塘里的荷花会不会在今天开败一样。我想告诉你的是，我一定能杀死嬴政，我才是真正的街霸，我才是顶尖的杀手，我如果在瞬间作出一个决定，一定是，杀！"

朱增禄喜欢军训，那是他最美好的大学时光。那个手把手教杀人的老头，长得像极了电脑游戏里的杀手学校校长，靠，就是这个倒霉老头，老是问怪问题，让他总是过不了这第七关，不能在打通关后，看长着小尖屁股和小尖乳房的仙女姐姐跳脱衣舞。《史记》的刺客列传几乎能背下来了，但是朱增禄还是想不明白，荆轲为什么不杀了秦始皇嬴政，"拔不出剑来？扯鸡巴蛋！"这三个毫无联系的梦通过最后的一个杀字联系起来，在朱增禄的脑海里盘旋不去：杀，杀，杀。

朱增禄双手用尽力气堵住耳朵，不想在任何时候都听到那个杀字，但是那个声音还是从他双手的指缝中渗进他的耳朵，在他的手掌和耳膜之间反复撞击。不能再一个人待了，他在宿舍凑了一桌牌，算他在内，五个人。他的耳朵听不见那个杀字了，但是那几个牌友的声音响起来了，比杀字更难听：

"你丫作弊。"

"你丫没教养。"

"你丫没前途。这种小事作弊,别的事情可想而知。"

"你丫没姑娘喜欢,真不奇怪。"

朱增禄笑了,他找到了一个比杀字更难听的声音,他礼貌地把这四个牌友请出宿舍。

其中一个在另一天第二次进入这个宿舍,关好门之后,感觉到风声,抬头看到一个没有鼻子没有嘴巴的大铁锤扯地连天落下,然后就听见自己头骨粉碎的声音。

朱增禄觉得那个牌友躺在地板上,弯曲着仿佛耐克的标志,于是对那个尸体说:"你骂一句,我打一锤,你我扯平。"他把尸体放进黑色垃圾袋,胶带封了,锁进衣柜。然后,啃了一个馒头,喝了一杯开水,虽然只是一击,但是很耗力气。

如此三次,四记铁锤,还四句话,衣柜里多了四具尸体。他一共啃了四个馒头,喝了一壶开水。他扭头看了眼坐在他上铺的荆轲:"看到了吗?我演示了四遍,你该学会了吧?杀,一击,毙命,杀。"

杀过四遍,朱增禄耳朵里听不到那个杀字了,就像上完厕所,尿空膀胱,耳朵里就听不到吹口哨的声音了。他晚上又约了一桌牌,他想听听,人世间是否还有骂声。他想:如果有骂声,也是麻烦,虽然铁锤还可以用,但是柜子却装不下更多的尸体了。

这天晚上,没人骂朱增禄。开始,他的手气一直不好,连输了好几把牌,其他人自然开心。朱增禄分析了一下,这个不奇怪,碰过尸体的手,自然有晦气。他连续上了好几次厕所,手摸阳具,小便。后半夜,手气渐渐好了起来。后来好到别人一直叫他"神手朱",运气太好,旁人开始崇敬,也没了一句骂声。

牌局散后,一轮弯月挂床头,宿舍因为没有别人,格外安静。朱

093

增禄很快睡着了,他没梦见军训、老者或者荆轲。他梦见他有了一个儿子,朱增禄叫他朱大锤。儿子摇摆着走来走去,朱增禄喊着他儿子的名字:"大锤,大锤,大锤。"

北漂文青胡赳赳的文字江山

作为北京土著,我热爱北京,热爱得毫无道理,热爱得鼻涕眼泪流。臭名昭著的沙尘暴来了,我拉了几个大老外手下,走在长安街上,我说:"没见过吧,不用去火星了,今天这里就是火星了。"

城市总要比拼,香港人说,他们有法律和制度,他们有金融市场和国际信息。上海人说,他们有便利店和金茂凯悦,他们有最老的殖民经历和务实的地方政府。北京土著说,我们有故宫、长城、天上人间,我们有群莺乱飞的"北漂"。

像是每年如期上市的大闸蟹,如期飞舞的柳絮,每年,一批批的"北漂"小伙子带来扰动人心的才气和力气,一批批的"北漂"小姑娘带来搅乱人性的脸庞和乳房。香港天灾人祸造成的昂贵,在最差的馆子吃六个小馅饺子也要二十块,"长安居不易",年轻人不能漂。《新民晚报》上全是如何提高自己的工作技能,继而提升自己的薪水,上海漂的人没有味道。

胡赳赳就是北漂文青的代表。

第一次见他是在一个茶楼,厚厚的眼镜,瘦弱的身材。同坐的还有另外几个二十几岁的小伙子和小姑娘,胡赳赳说:"使劲儿吃,这个茶楼是自助式的,不吃白不吃。"

我常常想象胡赳赳刚杀到北京时的情景,觉得心驰神荡,血管里胡人的基因"滋滋"沸腾:留江东爹娘在身后,留夺去自己童贞的姑娘在身后,来到北京,没有关系,没有工作,没有存款,提一个箱子,里面三条内裤,三双袜子,一本稿纸,一腔性情,半打避孕套,就来了。我继而联想到沈从文,下了火车,抬眼望见前门楼子,听见鸽哨响起,小学文化的沈从文掂量了一下自己骨血里的才气,说了句类似凯撒第一次到高卢说的话:俺来咧,俺瞅见了,俺都摆平咧。

北漂文青胡赳赳的杂文里,一大类是反映一个北漂对北京的切肤感受:

"大学毕业后我的轨迹很明确,一直北上,在河南一个县城里做了两个月的大夫后逃遁了,主观原因是难以忍受清苦,我跟同伴说,我还是适合在都市里生活,因为我还有欲望。就这样我怀揣着两百元钱到了北京,并且在火车站还被一个女人给骗了,她谎称是卫校老师,钱包丢了问我要钱给单位发传真。"

"很多时候,我都能够想象自己是一只蟑螂,在偌大的北京城里探头探脑,日出而息、日没而作,仰望着头上的星空的同时也仰望着这座城市,我只希望自己不要被一泡尿憋死,也不要被谁一指头给废了。这就是我的道路,也是我所希冀的平安。"

"长安街是一支筷子,平安大道是筷子的另一支,它们南北夹击,合伙架起了故宫这道大菜,秀色可餐的后海则是平安大道外侧的汤汤水水,等待人们的拂袖而来,或者拂袖而去。"

这些文字的主旨简洁:快来北京,这里,钱多,人傻,还臭牛逼。文字感觉敏锐凌厉,北京泡吧嗑药的那些腕儿无法企及,他们这辈子都别想,他们已经被北京废了。

北漂文青胡赳赳的杂文里，另一大类是反映一个北漂对江东以及还在江东的那个夺去他贞操的姑娘的记忆：

"1989年的夏天，我在电视上看到了许多镜头，对于小镇的我来说，那是一场遥远的闹剧。而我，端着一个破了缺口的粗瓷大碗，在说不清是衰败还是兴旺的堂屋里，边吃饭边看一台19英寸的黑白电视机。几只母鸡在我的脚边端详着，后来它们十分不幸地在吃我喂给它们的白色塑料泡沫后腹胀而死。堂屋里还有几个堂弟堂妹，他们围着门轴绕来绕去，门上的木雕可以看出有一只断嘴的鸟、麒麟的前半身和一头完整的大象，跟门板一样在堂弟堂妹的转动下摇摇欲坠，这是他们的游戏，他们喧闹的时候整个午间显得极为宁静，如果他们的笑声盖过了电视机发出的声音，堂屋外的阁楼上的白色鸽子就会扑棱着翅膀越过天井上空，一直到晚霞映红我脸蛋时才会回来。"

"这个时候，她，我的第一个女朋友，眼睛会盯着远方，有一搭没一搭地说着什么。而我则对远方置之不顾，我只知道热烈地看着她，从侧面看她的睫毛，看她嘴唇边细密的汗毛，我调动我嗓子间公鸭的力量，翻唱崔健的《一无所有》，这首惨遭语文老师批判的歌，惹来了她的笑，那笑声像是从她的胸膛伸出的一只摇着银铃的手。"

这些北京本地长不出来的文字，带着原始的力量和意象，丰富我们的汉语。

第二次见他，我在燕莎的萨拉伯尔请他吃韩国烧烤，看见比我还单薄的人，我多点了一份火锅面。"多吃。总要胖些，要不然如何支撑文字？""我有个非法同居的女友，按食谱饲养我。我还有个老妈，最近赶来照顾我。"

胡赳赳的一个老领导教给他人生的道理："你在这里干编辑，月刊的稿子半个月就编好了，剩下时间写点小说，当个作家。"我也要和他说，多写，占有话语权，成为颜峻、许知远和谢有顺。

我抬起头，我看见，远远的，胡赳赳的文字江山，半个太阳爬上来。

惟楚有材，于文惟盛

湖南女作家盛可以是庸俗龌龊浮躁无耻的二十世纪七十年代生人中的异数，她的存在让后人百年以后不能将这一代人全盘总结为言语短舌和思想平胸。

七十年代生了我们这一拨俗人。

不提先秦和南北朝了，往近世说，和以二周一钱（周作人，周树人，钱钟书）为代表的五四一代相比，我们没有幼功、师承和苦难：我们的手心没有挨过私塾老师的板子，没有被日本鬼子逼成汉奸或是逼进上海孤岛或是川西僻壤，没有背过十三经，看《浮生六记》觉得傻逼，读不通二十四史，写不出如约翰·罗斯金、斯蒂文森或是毛姆之类带文体家味道的英文，写不出如《枕草子》之类带枯山水味道的日文，更不用说摆脱文言创造白话，更不用说制定简体字和拼音。往现世说，和以二王一城（王小波，王朔，钟阿城）为代表的文革一代相比，我们没有理想、凶狠和苦难：我们规规矩矩地背着书包从学校到家门口，在大街上吃一串羊肉串和糖葫芦。从街面上，没学到其他什么，我们没修理过地球，没修理过自行车，没见过真正的女流氓，不大的打群架的冲动，也被一次次严打吓没了。

文革一代对文字无比虔诚，他们为了文字四十几岁死于心脏病，他们为了文字喝大酒嗑猛药睡清纯女星，跳上桌子喊："卑鄙是卑鄙者的通行证，高尚是高尚者的墓志铭。"他们没有灭掉五四一代，但是他们至少丰富了现代汉语的形式和风格。我们没有用"华丰"牌圆珠笔在北京电车二厂印刷厂出品的四百字一页的稿纸上狠呆呆地写了一百万再写一百万，文章即使发表在《收获》和《十月》上，也不会让我们泪流满面，更不会从根本上改变我们的命运。如果发表不了，我们就把《收获》和《十月》当成愚钝不开的典型，和文化馆、作协、劳保用品和公费医疗归为一类，认定它们很快会消亡。

我们没有被耽误过，我们成群成队地进入北大清华而不是在街头锻炼成流氓，我们依靠学习改变命运，我们学英文学电脑学管理，我们考TOEFL考GRE考GMAT考CPA考CFA，我们去美国去欧洲去新西兰去新加坡去香港，我们会两种以上的领带打法，我们穿西装皮鞋一定不穿白袜子，我们左擎叉右擎刀明白复式记账投资回报和市场营销，我们惦记美国绿卡移民加拿大，我们买大切诺基买水景大房一定要过上社会主义美好生活，我们做完了一天的功课于是尽情淫荡，我们在横流的物欲中荡起双桨。我们的大脑权衡、斟酌、比较、分析，我们的大脑指挥阴茎，我们的大脑指挥脚丫子，我们的大脑指挥屁股蛋子。我们的大脑，丫一刻不停。

我们这一代的作家，作为整体没有声音。基本上，脸皮厚表现欲强有丁点儿姿色会用全拼法录入汉字的就是美女作家。先是卫慧等人在网上和书的封面上贴失真美人照片，打出"身体写作"的旗号，羞涩地说"我湿了"，然后是九丹义正辞严地说我就是"妓女文学"，"我占领机场卖给六七十年代白领精英"，然后是木子美另扛"液体写作"的旗号，坦然地说"我就是露阴癖"，"再废话我露出你来",最近的进展是有女作家直接在网上贴裸体照片。我看到女作家及其背后书商们市场竞争的升级,没有看到文学和性情。市场的门槛的确是越来越高了,在想出头出名,看来只有在家里装摄像头,二十四小时直播三点毕露的裸体了。实在没有姿色的女的和各级姿色的男的,面对李白杜甫巨大的影子,决定用小米加步枪战胜飞机加大炮,战略转型,避实就虚,专攻下三路,准备在文学史上号称"下半身"。如果在辣椒里挑鸡肉在矬子里拔将军的话,棉棉写了三、四万字好小说,李师江学朱文,由皮毛学到一些筋骨,个别中篇有些气质。操,写枕头的,没出个李渔,写拳头的,没出个古龙。我们这一代最好使的头脑在华尔街构建基金组合统计模型,在硅谷改进Oracle数据库结构,在深圳毒施美人计搞定电信局长销售数字交换机。

绝望之前,读到了盛可以。

我到了南中国,在香港和深圳两地跑,MSN问四分之三身体烂在网络里的出版家狂马,香港和深圳有什么作家可以见啊?香港有黄大仙和李碧华啊,深圳有慕容雪村和盛可以啊。李碧华有幽闭症啊,慕容雪村吃过饭了,是个和石康相仿的上进好青年啊,盛可以写得好吗?年轻女作家中写得不错啊。长得好吗?网上看不出来啊,照片谁敢信啊?但是大波啊。是吗,那就不管好不好看了,去见去见。

先读了《收获》上发表的《水乳》,不像有大波的人写的东西。《水乳》讲述一个女人没有浪漫的结婚,没有意外的出轨,没有快乐的重逢,没有戏剧性地维系了婚姻。文章冷静,凌厉,不自摸不自恋风雨处独自牛逼。我想,即使原来丰满过,成形之后一定被作者挥舞着小刀子,削得赘肉全无。我想,作者如果没有一个苦难的童年,也一定有杀手潜质。恍惚间,感觉到余华出道时的真实和血腥,但是婉转处女性的自然流露,让这种真实更另类,血腥更诡异。

然后读了《北妹》,盛可以的处女长篇,没有《水乳》老道,但是比《水乳》丰富,我更喜欢。《北妹》讲述一个湖南大波少女来到深圳,干过各种工作,每种工作都是受欺诈,遇过各种男人,每个男人都色狼。奋斗一圈回到起点,一样没有钱,没有家,没有爱,没有希望,不同是奶大到成了累赘,失去灵气,仿佛失去乳头,只剩下十斤死肉。《北妹》没有《水乳》的凤头和豹尾,但是有《水乳》不具备的猪肚和更丰沛的写作快感,像所有小说家的第一次,一定不是他们最好的,但是一定不是他们最差的。

盛可以生长在湘北,门口一条桃花江,听说端个马扎,在门口坐一会儿,就能看见大群大群的美女游来游去。盛可以没有受过科班训练,很少读书,很早出来做各种杂工,吃过很多苦,受过很多委屈,但是还能气定神闲,不仇恨社会。二〇〇二年初的某一天,大星冲日,盛可以觉得心中肿胀难忍,辞工全职写作,一年写了六十多万字,其中包括《水乳》和《北妹》。

我想,没有道理可讲的时候,一定是基因作怪。楚地多水,惟楚有材,是个灵异基因常常显形的地方,过去的表象有屈原、贾谊,近世有小学文化的沈从文和残雪,现在有盛可以。这类人,不需要读书,不需要学习,文字之所以创立,就是为了记录这些人发出的声音。这类人,受了帝王的委托,就成了巫士,受了社会的委屈,就创立了邪教,受了命运的捉弄,就成了诗人。杜甫说,"文章憎命达",我反复唠叨,盛可以啊,要本色,要荣辱不惊,千万不要去北京。

作为七十年代一代人,我们振兴了中国经济,我们让洋人少了牛逼。作为一代人,我们荒芜了自己,我们没有了灵魂的根据地。好在还有基因变异,变异出来盛可以。

黄老邪收集伟大的语词

收藏是动物和人共有的天性。

看过一个纪录片，勤劳的公鸟在树杈上造巢，然后收集各种五颜六色、不同质地的东西点缀，从玻璃珠子到塑料纸，什么都有。然后请母鸟来看，母鸟左看右看，前后踱步，仿佛县级城市梦娇娇发廊五颜六色的霓虹灯门口，踟蹰徘徊的一个中年出差男子。如果母鸟觉得公鸟的收藏还不错，就进巢搞公鸟一下，否则就飞走了之。纪录片最后出现了一只懒惰的公鸟，它不事收藏，它看着母鸟钻进有收藏的鸟巢，它生气，它趁着有收藏的公鸟离开，它舞动双翅和双脚，它把人家的鸟巢都搅和了。

人对收藏，也一样。小时候是合成磁片，烟盒，火柴皮。一吕二赵三典韦，这三个人力气大，能打，他们的火柴皮级别最高，最难找到，偶尔要动用暴力，大嘴巴抽低年级小屁男生的嘴巴才能得到。大了，饱暖食色之后，还剩两三个钱，青花瓷，红山玉，明清家具。一黄二黑三红四白，黄花梨和紫檀在旧家具里级别最高，品相好的，要拎着AK-47从四大银行提取成麻袋的钞票才能凑够钱。

黄老邪集伟不去古玩城和潘家园，黄老邪集伟收藏品相怪力乱神的语词。从1999年起,每年将他的语词收藏,配上插图和文字,到2002年已经有四本语词笔记问世(书的出版一般都要滞后一年到一年半):《请读我唇》、《媚俗通行证》、《非常猎艳》和《冒犯之美》。

没听说黄老邪集伟有过其他不良的败家爱好,包括狭义的腐败收藏,所以,他一定是个悟性极高的人。黄老邪集伟对收藏的主要窍门一清二楚。

比如窍门之一,剑走偏锋,人走偏门,从垃圾中拣到珍宝,从北京街头找到一箩筐章子怡。古玩城的坏蛋仗义行侠玉商小崔,谈起古玉收藏如同巴菲特谈起买卖股票:不要跟风,现在清中期玉牌子贵得离谱,这时候还往上冲,有病。要挑价值被低估的东西。现在,我告诉你,收三种货,第一,种好沁好的剑饰;第二,高古文化期的素器;第三,十厘米以下的玉环。

就我所知,收藏语词,黄老邪集伟是古往今来第一人。冯梦龙在明末收集过民间黄色情色歌曲,比如《五更转》、《十八摸》之类,最后结集为《挂枝儿》。周作人在民国期间收集过市民的黄色笑话,立志比过《笑林广记》,但是沉吟良久,最终没敢结集出版,私印册数不详。但是,这些都不是严格意义上的语词收集,格调还普遍低下,黄老邪集伟不只盯着黄色,甚至不主要盯着黄色。

比如窍门之二,坚持就是胜利,坚持体现力量。黄老邪集伟已经写了六年,出了四本。厄普代克写一本《兔子快跑》,就是一本《兔子快跑》。但是等到他再写出《兔子归来》和《兔子富了》,厄普代克就是人物了。等之后再出七本关于兔子的书:《兔子嫁人》、《兔子伤心》、《兔子老了》……是垃圾还是珠玉不论,厄普代克就逼近不朽了,百年后,别人一提起兔子,就会想起厄普代克。产量高，藏品丰富还有其他好处，按坏蛋仗义行侠玉商小崔说，剑饰当中，剑首、剑格、剑珌、剑璏四个一套，如果你有四五十块剑饰，你很容易配成套，配成套就能卖得很贵，这是常识，比如那个叫"十二乐坊"的十二个女的，拆开了就成洗头妹了。而且，如果别人四个一套缺一个，你能给他配上，你也能卖出大价钱。我先在黄老邪集伟那里体验了一下配套。我买了《非常猎艳》，黄老邪集伟送了我《冒犯之美》，在东四的中国书店，看到《请读我唇》和《媚俗通行证》，旧书比原来定价高一倍，还是买了，四本一套啊，而且全是初版，到时候我再都弄上黄老邪集伟的亲笔签名，有收藏价值。

比如窍门之三，确定一个简单而实用的收藏标准。黄老邪集伟收藏语词的标准只有三个字：好玩儿。生命太短了，还是找些自己喜欢吃的，多吃一些，找些好玩儿的，多玩儿一些。不好玩儿的东西，再有用，不可能不朽，不值得收藏。只要好玩儿有趣，黄老邪集伟没有忌讳，照单全收：大街标牌，小报标题，电视解说员的口误，二逼歌手的歌词，互联网上丝毫不讲章法的文章和灵光闪烁的签名档，手机上的黄色笑话和恶作剧短信，就像孙中山还没有名满天下、到处拉赞助拜码头的时候，他的态度是：读万卷书行万里路的书生，眼里没有高低贵贱，不肯接见不给赞助不把家里藏着的黄花闺女嫁给我，是王侯商贾们没长眼睛。黄老邪集伟的好玩儿是个广义的好玩儿，能挑战你的头脑，冲击你的情感，就是好玩儿，就像艾未未说的，人有七情六欲，欢乐舒服只是一种情绪，人不应该永远追求和体会欢乐舒服。

黄老邪集伟有个极其普通的小相机（数码还是光学的，不详），他晃荡在北京的街道，看到诸如"人革制品经销部"和瘦金体黑地白字的"禅酷"之类，就停下来照一张，留着将来配插图。现在东三环的"禅酷"已经被拆了，黄老邪集伟的照片已经有了史料价值。我问过黄老邪集伟为什么不买个好点的相机,他的回答近似于布勒松(布勒松一辈子只用50mm定焦标准镜头),"重要的不是机器,重要的是我的视角牛逼。"

黄老邪集伟有支很专业的笔。北师大汉语科班出身,主持专栏多年,笔力韧利如刀,明月流水,俯仰皆是。黄老邪集伟的解说,为他收集来的语词,配些框架,交代背景,点拨妙处,让满街晃悠的不带着相机、眼睛和脑袋的人,也能马马虎虎悠悠心会。讲文字本身妙处的文字极其难写,如果不是完全不可能。文字不像数字。数字是婊子,是叛徒,花花钱,上上大刑,数字能做你想让它做的任何事,能给你想要的任何证据。文字本身就是最大的幻象,修禅宗的历代高人早就定论,得意忘言,得言忘意,直接描写是死路一条。黄老邪集伟是骨灰级的人物,他常用的办法是不夸姑娘漂亮,而说迎面走过来的老头偷看姑娘一眼,舌头尖尖禁不住舔了舔上嘴唇。

除了在街上,网上,手机上,报纸上,人心上收集好玩儿的语词,黄老邪集伟还在自己的院子里种玫瑰送给他媳妇,最新的想法是不用蓝墨水也能整出蓝色的花朵。黄老邪集伟还教育他一对分别叫黄佐思和黄佑想的活宝儿子:"我们夫妇让佐思大声朗诵下面这条'手机短信':岸是绿,岸是茂绿,岸是依透茂绿……佑想,你来,你念下面这条……"黄老邪集伟还出版《小猪麦兜》和《鸡皮疙瘩》之类好玩儿好卖的书籍。

看着黄老邪集伟以自己的方式,心怀不朽,亵玩文字,在通往牛逼的小道上徐徐行走,我艳羡不已,就像读论语的时候,艳羡在陋巷里那个态度积极、饮食健康的颜回。我说我要写一篇叫做《唐宋八大家和黄老邪》的随笔,他说我骂人不带脏字,不兴这样玩儿,我说恨古人不见你我。

你一定要少读董桥

在走过的城市里,香港最让我体会后现代。我对后现代的定义非常简单:不关注外在社会,不关注内在灵魂,直指本能和人心,仿佛在更高的一个物质层次回到上古时代。

在长江中心的二十五层看中环,皇后大道上,路人如蚂蚁,耳朵里塞着耳机,面无表情,汽车如甲虫,连朝天的一面都印着屈臣氏和汤·告鲁斯(大陆译为汤姆·克鲁斯)新片《最后的武士》的广告。路人和汽车,都仿佛某个巨型机器上的细小齿轮,高效率高密度地来来往往,涌来涌去,心中绝对没有宏伟的理想和切肤的苦难。绝大多数人的目的简洁明了:衣食住行,吃喝嫖赌,团结起来为了明天,明天会更美好。

所以很容易说香港没文化,是个钱堆起来的沙漠。这个我不同意。香港至少还有大胖子才子王晶、陈果,还有酷哥黄秋生、曾志伟。但是,这样的地方不容易长出像样的文字。李碧华是异数。即使中非某个食人部落,几十年也出一个女巫,善梦呓,句式长短有致,翻译成汉语,才情不输李清照。

有人会说,香港有金庸。可是,金庸有文化吗?除去韦小宝的典型性直逼阿Q，其他文字在文学史上的地位略同《七侠五义》，低于《水浒传》，而且，金庸的幼功是在大陆时练成的，和国民党的教育有千丝万缕的联系，到了香港以后，基本是输出。

还有人会说，香港有董桥。

董桥的背景灿烂：台湾外国语文学系的科班、伦敦大学的访问学者、美国新闻处《今日美国》丛书编辑、英国BBC时评员、《明报月刊》总编辑、《读者文摘》中文版总编辑、中年藏书家、英国藏书票协会会员。在海外，有苏柳鼓吹，在大陆，有陈子善呐喊。苏柳写过一篇文章，陈子善编过一本文集，题目都叫《你一定要读董桥》。如果评小资必读作家，董桥必列其中。

董桥的好处，反反复复说，无非两点：文字和古意。

董桥的文字，往好了说，仿佛涂鸦癖乾隆的字，甜腻。仿佛甜点，吃一牙，有滋味。吃几坨，倒胃口，坏牙齿。比如："笔底斑驳的记忆和苍茫的留恋，偶然竟渗出一点诗的消息。"比如："窗竹摇影，野泉滴砚的少年光景挥之不去，电脑键盘敲打文学的年代来了，心中向往的竟还是青帘沽山，红日赏花的幽情。"比如写吴姓女高官："那样的姓氏，描画的注定是唐朝当风的吴带。圜转的美姿，飘举的美服，不像出水的曹衣那般又紧又窄，像的是苏曼殊笔下静子手持那帧缋绢的仕女，一袭碧罗散发万种消息，怨不得记者会上那个俄罗斯大胡子记者忍不住问她可不可以吻她一下，她立刻用俄语说：'当然可以！'"比如写张国荣："古典的五官配上玲珑的忧郁，造就的是庸碌红尘中久违的精致：柔美的围巾裹着微烧的娇宠，矜贵的酒杯摇落千载的幽怨；暮色里，晚春的落花凝成一出无声无色的默片，没有剧本，不必排练，只凭一个飞姿，整座抱恙的悉城顿时激起一串凄美的惊梦……"

其实写这种东西，用不着董桥。我见过几个以写青春美文出名的东北糙汉，经常在《希望》、《女友》之类的时尚杂志上发文章。听说冬天三个星期洗一次澡，夏天两个星期洗一次澡，腋臭扑鼻，鼻毛浓重。他们张口就是："紫色的天空上下着玫瑰色的小雨，我从单杠上摔了下来，先看见了星星，然后就看见了你。"

董桥小六十的时候，自己交代："我扎扎实实用功了几十年，我正正直直生活了几十年，我计计较较衡量了每一个字，我没有辜负签上我的名字的每一篇文字。"他一定得意他的文字，写过两篇散文，一篇叫《锻句炼字是礼貌》，另一篇叫《文字是肉做的》。这些话，听得我毛骨悚然。好像面对一张大白脸，听一个六十岁的艺妓说："我扎扎实实用功了几十年，我正正直直生活了几十年，我计计较较每天画我的脸，一丝不苟，笔无虚落，我没有辜负见过我脸蛋上的肉的每一个人。"

文字是指月的手指，董桥缺个禅师帮他看见月亮。意淫的过程中，月上柳梢头，在董桥正指点的时候，禅师手起刀落，剁掉他指月的手指。大拇指指月就剁大拇指，中指指月就剁中指，董桥就看见月亮了。

董桥刻过一枚"董桥依恋旧时月色"的闲章，想是从锻句炼字中感觉到旧时的美好。旧时的美好还延伸到文字之外的东西：比如"鲁迅的小楷，知堂的诗笺，胡适的少作，直至郁达夫的残酒，林语堂的烟丝，徐志摩的围巾，梁实秋的眼镜，张爱玲的发夹"。这些"古意"，又反过来渗入董桥的文章，叫好的人说恍惚间仿佛晚明文气重现。

学古者昌，似古者亡。宋人写不了唐诗，元人写不了宋词。忽必烈说：文明只能强奸掠夺，不能抚摸沉溺。周树人的文字，凌厉如青铜器，周作人的文字，内敛如定窑瓷器。他们用功的地方不是如皮肉的文字本身，而是皮肉下面的骨头、心肝、脑浆。

其实，香港的饮食业，天下第一。对于香港，不要苛求。少读董桥肉肉的文字，多去湾仔一家叫"肥肥"的潮州火锅，他们肉肉的牛肉丸实在好吃。

人生在世

　　现在的人，事儿多。除了衣食住行，还有好些别的所谓必需。初到香港，像初到其他城市一样，我问土生土长的香港烂仔朋友：手机、上网如何办理，长途哪家最便宜，银行哪家最方便，哪些报纸、杂志、网站最反映香港文化？烂仔朋友说：手机用Sunday或者是Orange，长途打大陆也就二三毛一分钟，银行当然是HSBC。文化？我们没有文化，我们有八卦。要知道什么流行，看《壹周刊》就好了，每周四出版，二十块两本。

　　二月十二日，买了到香港后的第一本《壹周刊》，封面大字标题："黄任中散清二十五亿，彭丹郑艳丽无钱分"，两张照片：一张是黄任中右手挎南国佳丽彭丹，彭丹白衣如雪，低开隐乳，低眉颔首，微笑着，黄任中黑色小褂，短头，半脸褶子，头右倾，凝目于彭丹，眼底一抹忧郁，也微笑着；另一张是黄任中死前两个月，一个小老头躺在病榻上，细碎青格病号服，头发花白，胡子拉碴，右手扶头，一脸褶子，面色黑黄，眼底依旧一抹忧郁，皱眉向天。报道说："台湾一代富豪黄任中，于二月十日在台北荣总医院因糖尿病并发症病逝，终年六十四岁。"二月十日，元宵节刚过五天，情人节还

111

差四天。

黄任中的一生，是吃喝嫖赌抽坑蒙拐骗偷的一生。黄任中的一生，是热爱妇女的一生。

黄任中祖籍湖南，国民党元老黄少谷的儿子，蒋孝武的发小儿。少年时就开始滋事："曾犯偷窃、持械伤人、嫖妓和抽大麻。"人不笨，美国军事大学数学系本科毕业，又拿了纽约大学数学研究所硕士，给NASA写过电脑程序。二十世纪九十年代中，炒股成为台湾十大富豪之一。有了钱，黄任中终日COHIBA雪茄不离口，姑娘不离手。每年喝六百瓶葡萄酒，流连苏富比拍卖会，热情讴歌辉瑞制药的伟哥，经常在家聚赌，出门不系一条领带但是带十几个美女。

在芸芸富豪中，黄任中靠热爱妇女出名，尤其是热爱作为妇女杰出代表的各路港台红星和艳星。粗粗分类，包括老婆、小老婆，女护士，女徒弟，女知己，干女儿，女朋友，摸过的总数以三位数计，长得多像他妈妈，团面豪胸，36—24—36。黄任中仿佛现代现实版段正淳，不仅年老多金，而且温柔缠绵，他老实交代："女人是我生命原动力，没有女人我就吃不下饭。"比段正淳好的地方是，黄任中更发乎情而止乎礼，有的姑娘只是执手相看，有的姑娘只是上床聊天，有的是老汉推车。不像段正淳，和每个姑娘都有后代，在阴错阳差中几乎断绝了儿子所有的择偶可能。黄任中更物化妇女，仿佛对待每天的红酒、雪茄烟和靓汤，仿佛面对四季的花开花落。比段正淳惨的地方是，黄任中死时凄凉，不仅没有美人愿意为他死，在他死前，除了一个干女儿小潘潘，甚至没有一个姑娘愿意再多看他一眼。银子不在，仿佛红酒、雪茄烟和靓汤一样的姑娘也就不在了。

黄任中在《壹周刊》上的照片，有个共同的特点：在酥胸大腿和罗裙鬓影之间，他一直忧郁着，看姑娘的眼神仿佛是看一个无限美好但是终究无法守住必然从指尖滑落的自然现象,仿佛流水。唯一笑得开心的一张照片,是在黄任中着了官司,家财已空,生活还得继续,他和唯一还厮守他的小潘潘去超市买生活用品:购物车里是纸巾和可乐,购物车边是一身紧身休闲装青春无边的小潘潘,黄任中穿着黑色圆领衫,谢着顶,笑着。

人生在世,左右上下前后都是一辈子。这些过法中,另一个极端是曾国藩。诚心正意修身齐家治国平天下,一条路走到黑。那是个压抑自己一辈子的狠毒家伙,腰间和脑海中时刻都悬一把小快刀,无论身体上或是意识上邪念一起,都手起刀落,剁掉自己的小鸡鸡。一辈子早就算计好,穷则独善其身,回家耕地读书,达则兼济天下,让大清朝多活好几十年。《曾国藩全集》几百万字,唯一和淫荡沾边的,就是写给那个叫"大姑"的风尘女子的对联:大抵浮生若梦,姑且此处销魂。

曾国藩好像只有一张标准照存世,那张照片里,他也是眼神忧郁。和黄任中比,两个人谁更快活?参照两位先人,男人的一生应该如何度过?也许更快活的是我这样,活在这两个极端之间的俗人们:只有老婆可摸,自己的鸡鸡绝不自己剁。

曾国藩忽然热起来,和他有关的书在大陆的机场到处可见,鞭策鼓舞匆匆忙忙的各路企业家们以及他们的幕僚。我问我香港的烂仔朋友,为什么香港机场没有曾国藩,只有当前政要、黄色期刊和美女作家?他说,这就对了,香港追求摸得着的眼前的风光和满足。不要指望他们做研发,不要指望他们读曾国藩。一辈子修身养性,荣辱不惊,有冇搞错?

愤青曾国藩的自我完善之路

(一)

曾国藩牛逼。

饱暖后,思淫。精溢后,希望如何能死而不朽。鲁叔孙豹在《左传》里这样给不朽分类和定义:"太上有立德,其次有立功,其次有立言,虽久不废,此之谓不朽。"而不朽到底有什么用,没人说得清楚,就像为什么姑娘长成那个样子就好看,没人说得清楚一样。应该又是上天造人的时候,在人脑操作系统里留下的一个命门,同名利财色福寿禄等等幻象一样猫抓狗刨人心,什么时候捅,都是肿痛。对于一些所谓刀枪不入的人,不朽甚至比名利财色福寿禄更厉害,不用鸦片或者大麻之类的生物碱,也让这类人上瘾和入迷。

曾国藩牛啊,把自己的肉身当成蜡烛,剁开两节,四个端点,点燃四个火苗燃烧,在通往牛逼的仄仄石板路上发足狂奔。一个人在短短六十一年的阳寿中实现了全部三类不朽。有个对联高度概括曾国藩的一生:立德立功立言三不朽,为师为将为相一完人。

立德。如果抛开时代限制,曾国藩弥补了诸多孔丘的不足,比孟轲更有资格评选亚圣。孔丘这个倔老头创建儒学的时候,办公条件简陋，手下三千门徒既懒惰又没出息，造成以《论语》传世的二万四千字理论体系有三个明显的不足。第一，没有成功人士作为理论的形象代言人。孔丘自己作为一个政治咨询顾问游走各个诸侯国，被君王们怀疑没有速效，被地痞追打，业务始终开展乏力。孔丘死后，也没有什么人因为身体力行其理论，吃上最大的黄花鱼坐上最豪华的五花牛车，没有超级成功个案的励志型理论缺乏实践吸引性。第二，没有很好地编写理论教材。《论语》是本优点和缺点同样明显的书。优点是孔丘这个倔老头的教导和体会，干贝鱼翅鲍鱼燕窝，一句是一句，全是干货，不掺一点水分，几乎每句都能通过灌水成为一部长篇小说。缺点是毫无组织，毫无主题。胡乱将这些干货分了二十章，然后从每一章第一句话中随便挑出两个字，当成本章的题目，比如"学而"，比如"八佾"，太懒惰了吧？孔丘给自己的定位毕竟不同于亨利·米勒，不能用同样的写法吧？第三，没有很好地与时俱进，根据时代的要求丰富理论的应用。孔丘那时候，没有想象到工业革命、外族入侵、邪教猖獗、帝国官僚体系庞大、鸦片梅毒随风飘扬等等一系列困扰近现代中国人的问题。后学青年曾国藩在苦修敏行孔丘儒学的基础上，拿庄周老聃来泻火，平衡心态，拿大禹墨翟来强筋，增加实用性。用他位极人臣的事实和修订精良的《曾文正公全集》，证明儒学可以致事功，儒学可以更丰富更实用，儒学可以与时俱进，漂亮地解决现代问题，从而在很大程度上弥补了孔丘时代儒学的三方面不足。尽管谈不上像德国哲学家那样构建完整逻辑理论体系，至少，普及本《曾文正公嘉言钞》有了大致准确的归类：治身，治学，治家，治世，治政，治军。而曾国藩自己在三十八岁时编写的《曾氏家训》，也按修身、齐家、治国三门，分成了三十二目。

立功。曾国藩的简历明摆着：二十八岁，中进士，授翰林院庶吉士，散馆后授检讨（官名，正处级吧），之后在京十年七迁，连升十级。先后任四川乡试正考官、翰林院侍讲学士、内阁学士等（应该算正厅局级吧）、礼部右侍郎，历署兵、工、刑、吏等部侍郎（应该算副部级吧）。四十三岁，组建湘军。十一年之后，曾国藩五十四岁，湘军攻陷天京。五十五岁，创建江南制造总局。六十岁处理天津教案。六十一岁，提出在美国设立"中国留学生事务所"，病死于两江督署。曾国藩为师为将为相的经历验证了两个事情，第一，通才是存在的，人事练达，世事洞明，依靠常识百事可做。无论是抓黄赌毒还是整饬经济外交军事教育，里面贯穿着一条永远闪光的金线。第二，做事是硬道理。如果想立事功，不要总在集团总部务虚，到前线去，到二级公司去，真正柴米油盐酱醋茶，对付痞子混子傻子疯子，对一张完整明确的损益表负责。我唯一好奇的是，曾国藩有没有想过进一步做秦皇汉武，仿照赵匡胤，找件黄坎肩披披。曾国藩破天京之后，有条件：天下能打的兵百分之八十是他直接或间接带出来的。有说法："春秋大义别华夷"，"志在攘夷愿未酬"。有人教唆：野史讲，李秀成被俘后，很快和曾国藩进行了对话节目，在对话中涉及联合湘军和李秀成能控制的太平天国力量，驱除鞑虏，恢复中华，并写了几万字的心得。最后的结果是，曾国藩在俘获李秀成之后十六天，没有请示总部，杀了李秀成，上报总部的数万字供词，真伪难辨。曾国藩培养出来的李鸿章是极少数有见识又有胆量能指出他缺点的人之一，"少荃论余之短处，总是儒缓。"

立言。曾国藩初到京城，太平天国还没火爆，立德又太遥远太近乎扯淡。他最初的理想是以文章闻名于朝野，一扫文坛的颓风，做个愤怒的文青："少年不可怕丑，须有狂者进取之趣，此时不试为之，则后此将不肯为矣。"他的目标很高："有所谓躬行实践者，始知范、韩可学而至也，马迁、韩愈亦可学而至也，程、朱亦可学而至也。"总之，听上去像我们小时候常唱的歌词：当阳光照耀的时候，就该梦想，就该歌唱。但是，如果心平气和地剥离开曾国藩事功道德造就的光环，他的文字文采平平。一个原因是天分有限，老天不可能把所有好事都集中到一个人身上，而且几乎所有的好事都是双刃剑，一个人语缓行迟老成持重，很容易成就事功，但是很难心骛八极笔惊天地。另外一个原因就是俗务缠身，一直没能当上职业作家："古文一事，平日自觉颇有心得，而握管之时不克殚极思，作成总不适意。安得屏去万事，酣睡旬日，神完意适，然后作文一首，以摅胸中奇趣。"曾国藩没有时间专业写专栏，但是还是能挤时间读书："早岁有志著述，自驰驱戎马，此念久废，然亦不敢遂置诗书于不问。每日稍闲，则取班、马、韩、欧诸家文旧日所酷好者，一温习之，用此以养吾心而凝吾神。""廿三史每日读十页，虽有事不间断。"长期纪律严格的阅读造成曾国藩对文字的见识强于他的写作能力，他编的文字比他自己写的文字强，他的评论比他的创作强，他的说明文（书信、日记和奏议）比他的其他文字强。曾国藩堪称说明文的大师，有话才说，意尽则止，辞足则止，决不多添一笔。机场的书店最是势利，没市场的决不稍留书架上。身死百年的曾国藩长了一张青瓜脸，不是美女也不是美男，一张裸照也没有传世，也没用下半身流水写作也没用胸口沾水写作，还能长期占领各地机场书店的书架。无论文字如何，这本身就证明他已经立言而不朽了。

（二）

愤青曾国藩走过的是一条自我完善之路。这条路说来老套：诚心正意修身齐家治国平天下。

第一步，也是第一个修炼的要点，是诚心正意。"方今天下大乱，人怀苟且之心。出范围之外，无过而问焉者。吾辈当立准绳，自为守之，并约同志共守之，无使吾心之贼，破吾心之墙。"决心一辈子同自己心中的贼作斗争，即使心中的贼像小鸡鸡一样竖起来，也决不安抚，决不自摸。"功可强立，名可强成。不为圣贤，便为禽兽。莫问收获，但问耕耘。"

第二个要点，是好习惯。在生活学习上，曾国藩给自己定了一系列的规矩，而且一执行就是一辈子。比如，敬："整齐严肃，无时不惧。"比如，早起："黎明即起，醒后勿沾恋。"比如，读史："丙申年讲念三史，大人曰：'尔借钱买书，吾不惜极力为尔弥缝，尔能圈点一遍，则不负我矣。'嗣后每日圈点十页，间断不孝。"而且，还强制家人共同营造气氛："吾家子侄半耕半读，以守先人之旧，慎无存半点官气。不许坐轿。不许唤人取水添茶等事。其拾柴收粪等事须一一为之。插田莳禾等事亦时时学之。"

第三个要点，是好心境。不问收获，禁不住不梦见收获。无人的夜晚，不自摸心中的小贼，明天早上，小贼和小鸡鸡还会"咯咯"叫着迎着朝阳起床。长期的"抑然"和对名利的向往，会让人疯狂。曾国藩依靠心理暗示活下来，反复念叨："花未全开月未圆"，"有福不可享尽，有势不可使尽"，"恬静书味"，"治生不求富，读书不求官，修德不求报，为文不求传"。曾国藩还有物质帮助："阅陶诗全部，取其太闲适者记出，将钞一册，合之杜、韦、白、苏、陆五家之闲适诗纂成一集，以备朝夕讽诵，洗涤名利争胜之心。"仿佛建筑工人枕头下面压着的《人体艺术摄影精选》。到了真的功成名就了，可以张牙舞爪了，这种心理暗示已经根深蒂固。灭了太平天国，曾国藩马上自销湘军，自树对手淮军。两年后，五十五岁，上疏请求解除一切职务，注销爵位，提前退休。

并不是说，能一辈子做到上述三点，诚心正意，以好心境遵循好习惯就能成曾国藩。做到以上三点，即使再加上生而神灵，也只是做到了人和。其他的，还有地利，如果曾国藩的江东是上海而不是倔强狠霸的湖南，我不信能有三千汉子会放弃小笼包子，挥舞梭镖长矛，和曾国藩开赴那一条近乎死路的战天京之旅。其他的，还有天时，如果没"拜上帝教"闹太平天国，不是太子党不是世家子不是海归的曾国藩最多能做上一两届国务委员而矣。这点，曾国藩自己也承认，曾氏自撰墓志铭也说："不信书，信运气。"总之，就好像一颗精子，即使你诚心正意好好学习天天向上，在千万颗一起出发的精子中拿到正齐治平所有四门功课的最高分，冲在最前面，如果想要和卵子受精产出不朽的儿子，你还要看造化这次有没有戴避孕套，那个重要的卵子有没有在这次按时排放。

相传，林彪曾经当众讲过一个俄国士兵和中国士兵的笑话。两个士兵一起在边境站岗，俄国士兵问中国士兵，你喝醉过吗？没有。中国士兵回答。你嗑过药吗？没有。你嫖过女人吗？没有。林彪当众借俄国士兵的口最后问道：你这辈子活着有什么意思啊？

一万年来谁著史

小时候,老师最爱问的一个问题是,你长大了做什么?不努力学习,什么都做不成。

我的答案经常变化,曾经有一阵,我说,我想当个科学家。后来学了医,先在北大学生物,再到东单三条五号的医科院基础所学基础医学,见了太多白痴科学家,文盲科学家,政工科学家,骗子科学家,民工科学家。唯一一个有大师潜质的,是个教我做实验的重庆汉子,他像实验动物一样生长在实验室里。他耍起九十六孔板和Eppendorf管,他从小老鼠的大脑里分出各种小叶,我想起庖丁解牛。他一边跑DNA电泳,一边看只有两个频道的黑白电视,电视上接了一根三米长的铁丝当天线,图像还是不清楚,换频道要用电工钳子拧,我想起颜回的"一箪食,一瓢饮,在陋巷"。他一边用一千毫升的烧杯煮方便面,一边小声唠叨:"对门模拟高血压的狗也快被处理了,又要有肉吃了。"他抱着烧杯吃方便面,笑着对我说:"暖和得像我老婆的手。"

这样的人让我气短,科学上我从来没有这样的才气,回想起来,没有比小时候想当科学家更荒谬的了,我妈也是个每临大事有静气的人，当时为什么没大嘴巴抽醒我？

我从小喜欢各种半透明的东西：藕粉，糨糊，冰棍，果冻，玉石，文字，历史，皮肤白的姑娘的手和脸蛋，还有高粱饴。一本文字，我一掂就知道是不是垃圾。好的文字迅速让我体会到背后的功夫和辛苦，鼻子马上发酸。一本好历史，我一闭眼就知道没有好人和坏人，有的只是成事的人和不成事的人，有的只是出发点的不同和利益的平衡。说到底，历练和机遇决定成就，屁股指挥大脑。

打个比喻，如果时间或是人类经验集中到一起是一根蒜泥肠，文学研究的是各个横断面：好的文学青年，在试图还原某个时代和某个状态的艰苦努力中，创造了一种比现实更加真实的真实。史学研究的是纵切面：到底间隔多长时间，泥肠里就又出现一块大蒜。至于哲学，从来没有读过，估计就是研究时间或是人类经验为什么是香肠而不是香蕉的学问吧。

中国的史学和西方的史学基本没有相同点。西方的史学更像自然科学，研究的是时间流逝中的普遍规律，而不在乎细节的变化。它要讲明白的是，为什么无论埃及艳后克丽奥佩特拉（Cleopatra）奶大奶小，都不能阻止历史的车轮，为什么由于各种政治、经济、宗教原因，法国不出现拿破仑，也会出现仑破拿，带领法国人，展示他们少有的军功。

中国史学研究的是微观实用的人学。如果班固执笔写托勒密王朝的《汉书》，可能会有这样的文字：赞曰："国运已尽，人力故难挽回。然女主形容妙曼，果勇沉毅，以一人之力，几全帝祚。若乳更丰二寸，或卡尼迪斯及奥古斯都二贼酋均不忍施辣手。呜呼，惜哉！"出现拿破仑还是仑破拿，从法国或是欧洲的百年视角看，毫无区别，但是对于拿破仑或是仑破拿的二舅四婶却有很大的不同。

中国史学好像从来就存在少林拳和葵花宝典两大路数。以《二十四史》为代表的少林拳们，内功精湛，史料翔实，史识和文笔都好。讨厌的是，修成大师还好，才情欠些，就是个无趣的大和尚。以各路野史笔记为代表的葵花宝典们，多是性情中人，但是常常满嘴跑火车，酒大了风起了月冷了写爽了，妈的成了科幻小说了。所以说，至今为止，最牛逼的是那个先练少林拳，后来机缘巧合，练了葵花宝典的司马迁。

最近拿到谭伯牛的《战天京》，讲曾左胡李这些中国历史上最后一批修齐治平的大人物，厕上床上，两天竟然读完了。很长时间里，我基本不读现代汉语的长篇，《战天京》是个少有的例外，它最大的价值在于详略有当而生动有力地讲解了那些人和人之间的事。

这些事儿，写正史的人，练了一辈子少林拳，心里明镜似的，但是由于传统观念和中央文件规范，就是不说。从某个角度看，《二十四史》就是一套三千卷的巨大习题集，还没有教参，没有正确答案。曾国藩读史长见识，仿佛商学院用案例教学培养小经理："读史之法，莫妙于设身处地，每看一处，如我便与当时之人酬酢笑语于其间。"看他写道："《二十三史》每日读十页，虽有事不间断。"我常想起一边看英文案例，一边泡网聊天的日子。而这些人和人之间的事儿，写野史的人不一定明白，明白的也不一定不掺一点私念，毕竟是没了下体的人，思路和言语难免偏激。

谭伯牛的可贵是秉承司马迁的衣钵，站在了少林拳和葵花宝典之间，有才情又不失史识和史直地展现人和人之间，种种出发点的不同和利益的平衡。按古代小资的话说，应该焚香一炷，煎茶半盏，于窗下听秋雨读之，不知天之将白。第二天上班，把学会的东西分批分拨儿活学活用给自己的顶头上司。

就因为这一点，如果《史记》是一百分，《战天京》可以得七十分。

在追赶司马迁的路上，如果想继续走，约略有三种做法。第一种是最取巧的，但是最容易坠入魔道：提炼出一两个核心词汇，反复炒卖。得手的例子有吴思的"潜规则"和"血酬定律"。第二种是积累数量，司马迁用含蓄的正史写法，用精练的古汉语写了十本，谭伯牛至少要写二百万字才能都说清楚吧？如果不想写得吐血，只有引刀自宫了。第三种是借鉴西方史学，充分总结归纳，拎出自己的中国人学体系。这点，司马迁都没做到，如果成功，可以加分，总分超过一百。高阳和唐浩明的方式不是路数，老牛拉个破俩仨车，得些浮名而已。

大片王朔

拉着箱子走过机场书报亭，瞥到二〇〇七年第四期的《三联生活周刊》，王朔好大一张脸，侧仰望虚空，占了封面的四分之三，视线躲都躲不过。《三联生活周刊》是本鸡贼杂志，从五块一本到八块，从半月刊到周刊，脚步扎实地圈眼球圈钱。但是，它和《财经》是国内少有的精耕细作的两本北京杂志，"炮制虽烦必不敢省人工，品位虽贵必不敢减物力"，勉强在同仁堂的祖训面前脸不红。《三联生活周刊》的封面故事尤其不取巧，听常主刀的人说，写起来残人，和写长篇小说一样，治疗精神病，导致阳痿。王朔同样也是著名品牌，比《三联生活周刊》的品牌创建得还早。"文革"之后，王朔和王小波两个人平衡南方余华、苏童、格非的阴湿文字，和美女下半身写作、韩寒郭敬明大卖构成过去二十年来三大社会文化现象；和赵本山、郭德纲构成过去二十年来三大民间艺术大师。就个人而言，我认为王朔有气质，华文出版社出的四本《王朔文集》，我读完了前两本，第三本读不下去，第四本是垃圾。人民文学出版社出的《红楼梦》，我读完了上中两册，下册读不下去，说不好是不是垃圾。三十岁之后，陌生人最常问我的三个问题，第一个，为什么念到博士之后不做妇科了？第二个,你的工作单位麦肯锡和麦当劳什么关系？第三个,你写的东西和王朔和王小波有什么关系？我的标准答案是,第一,我不再热爱妇女了;第二,麦肯锡和麦当劳都是源于美国的公司;第三,我和王朔和王小波都在北京长大,都用北方汉语码字。

理由足够了,掏钱买杂志,花时间,看。

连图带文字,二十二页,飞机上一小时看完,脑子里浮现出关于王朔的三个关键词:名利、转身、精明。

名利乱神。有气质的人,点正,一脚踩上块西瓜皮,很快辉煌。长坂坡的赵云,挑滑车的高宠,青年王朔一年写了上百万字之后,发现一个字可以挣十块钱了,一个剧本可以卖一百万了,在整个文学界、影视界乃至文化界可以入朝不趋、奏事不名、片儿鞋菜刀上殿了,不知道个人能力的上限在哪儿了,于是说不留神写个《红楼梦》,于是除了垃圾影视剧本之外,好久看不到他写的东西了。还好没说不留神写个《史记》,否则《三联生活周刊》封面上的特写就更没胡子了。

转身困难。写小说是个"喷"的脑力和体力劳动。写小说的人,如果为了自己的精神健康,百分之一百该写,如果为了记录不能被其他方式记录的人类经验,百分之九十九的人不该写。这百分之一该写的人当中,百分之九十左右的人,就三到五毫升的刻骨铭心、三到五毫升的销魂断肠、三到五毫升的脑浆童尿,喷一二本书、三五十万字,刚好。曹禺、钱钟书、沈从文、凯鲁亚克、芥川龙之介都是例子。之后,转身,可以像曹禺那样守节缄口,可以像钱钟书那样做《管锥编》之类琐细缜密的学问,可以像沈从文那样把对妇女的热爱喷到对古代服饰的研究上,可以像凯鲁亚克那样饮酒嗑药,可以像芥川龙之介那样了断。另外中气足的百分之十,要充分了解自己,要顺应自己的气质，这和立功立德读书游走嗑药打架喝酒泡女明星去云南西藏听古典音乐练瑜伽背《金刚经》信邪教都没关系。气质偏阳的，比如亨利·米勒、菲利浦·罗斯、海明威、王小波，就应该举杯邀明月，死守烂打一个"我"。气质偏阴的，比如劳伦斯、纳博科夫、库尔特·冯尼格，就该用小人之心小人之眼，臆想意淫一下"非我"。内心里，我一直期望看到好的汉语的有禅味的小说，本来寄希望于阿城，但是原计划写八王的阿城写了三王之后，或许是名利害人，也去写剧本了，或许是"言语里断"，决定杀死文字，反正不写小说了。到现在，还是《边城》最靠谱，还是日本作家川端康成的《千只鹤》、《名人》更接近。王朔是个气质偏阳的人，这次转身，听吆喝，仿佛是要探讨时间，涉及生物碱，把自己和众生往高层次带。我觉着，难。

精明满溢。青年王朔到了中年王朔，没变的是他气质里的精明。那是一种北京街面上的精明，属于天资加幼功，过了十来岁，基本学不来，相比刘邦和朱元璋的那种精明，小些，温柔些，局限些，和韦小宝的类似。相比江浙沪一带的精明，大些，隐蔽些，明快决断些，所以估计新书出来，王朔不会像余华宣传《兄弟》一样，是媒体就见，是书城就支张桌子去签售。中年王朔上了《三联生活周刊》，洋洋洒洒二十多页，读上去像听道行高的国企领导讲话，螳螂行意八卦太极，三四个小时，表面看毫无结构章法，其实该点到的都点到了，该埋的伏笔都埋了，表面看锋利狂狷，其实不该得罪的都没得罪，不该说的一句都没说。中年王朔骂的不是半截入土的就是正在发育的。被骂的半截入土的，念过大学本科都能看出是垃圾；被骂的正在发育的，仔细挑选，想扒拉出来半个二十六岁写出《妻妾成群》的苏童，都不可能。

拿着这期没开苞的《三联生活周刊》上飞机，我心理阴暗地期望，又有裸奔的可看了，街上围了这么多人，应该好看。挤进人堆一看，又有负责灯光的，又有负责录音的，还有维持秩序的，裸奔的穿着金裤头，戴着金面罩，原来又是个拍大片的。

活着活着就老了

日子一天天一年年过，生日蛋糕上已经不知道该如何插蜡烛了，可总感觉自己还年轻。

还没老。

我老妈老爸还健在，一顿还能吃两个馒头喝一碗粥，还能在北海五龙亭腰里系个电喇叭高声唱"我是女生"，还能磨菜刀杀活鸡宰草鱼。我头发一点还没白，大腿上还没有赘肉，翻十页《明史》和《汉书》，还能突然听到心跳，妄想：达则孔明，穷则渊明，林彪二十八岁当了军长，杨振宁三十五岁得了诺贝尔奖，或许明年天下大乱，努努力，狗屎运，我还赶得上直达凌霄阁的电梯。老相好坐在金黄的炸乳鸽对面，穿了一件印了飞鸟羽毛的小褂子，用吸管嘬着喝二两装的小二锅头，低头，头发在灯光下黑黑地慢慢地一丝丝从两边垂下来。她吸干净第二瓶小二锅头的时候，我还是忘记了她眼角的皱纹以及她那在马耳他卖双星胶鞋的老公，觉得她国色天香，风华绝代。

但是在网上看了某小丫的文字，《都给我滚》、《发克生活》，第一次，感觉到代沟，自己老了。

那些文字，野草野花野猪野鸡一样疯跑着，风刮了雨落了太阳太热了那么多人刚上班早上八九点钟就裸奔了。我知道，这些文字已经脱离了我这一代的审美，但是同时感到它们不容否认的力量。我知道，人一旦有了这种感觉，就是老了，仿佛老拳师看到一个新拳手，毫无章法，毫无美感，但是就是能挨打，不累，仿佛韦春花看到苏小小，没学过针灸按摩劈叉卷舌，没学过川菜粤菜鲁淮阳，但是就是每个毛孔里都是无敌青春。

码字，其实真没什么了不起，本能之一。有拳头就能打人，有大腿就能站街，把要说的话随便放到纸面上，谁说不是文字？小孩能码字，其实也真没什么了不起，再小，拳头和大腿都已经具备了。《唐书》说白居易九岁通音律，冯唐十七岁写出了《欢喜》，曹禺十九岁写出了《雷雨》，张爱玲二十二岁写出了《倾城之恋》，即使看那些大器晚成作家的少年作品，基本的素质气质也都已经在了，只不过当时没人注意到，以为老流氓是到了四五十岁才成了流氓。所以不想因为某小丫的年龄，简单粗暴地将她归类到八〇后。贴一个标签，拉十几号人马，最容易在文学史上占据蹲位：近代在国外，有迷惘一代、垮掉一代、魔幻现实；"四人帮"之后在中国，有伤痕派、先锋派、痞子派；深入改革开放之后，有下半身、七〇后、美女作家、液体写作、八〇后。一路下来，标签设计得越来越娱乐，越来越下作，越来越没想象力。

文学，其实很了不起，和码字没有关系，和年龄没有关系。一千零五十年前，李煜说："林花谢了春红。"一千〇五十年间，多少帝王将相生了死多少大贾CEO富了穷多少宝塔倒了多少物种没了。一千〇五十年之后，在北京一家叫"福庐"的小川菜馆子里，靠窗的座位，我听见一对小男女，眼圈泛红，说："林花谢了春红，太匆匆，自是无奈朝来寒雨晚来风。"在新泽西APM码头旁边的一个小

129

比萨饼店,冬天,我和老鲍勃一起喝大杯的热咖啡。合同谈判,我们到早了,需要消磨掉一个小时的时间。老鲍勃说,他小时候也是个烂仔,还写诗,然后拿起笔,在合同草稿的背面,默写他的第一次创作:"如果你是花朵,我就是蝴蝶,整天在你身边腻和。当朝露来临,将你零落,我希望我是朝露,不是蝴蝶。"我说,是给你初恋写的吧,鲍勃点了点头,那张五十五岁的老脸,竟然泛红。

其实,老拳师是怕新拳手的,不是他有力气,能挨打,而是新拳手不知死活的杀气;韦春花是怕苏小小的,也不是她的无敌青春,而是苏小小自己都不知道的缠绵妖娆。某小丫的文字挥舞着拳头,叉着大腿胡乱站在街上,透过娱乐的浮尘和下作的阴霾,我隐约嗅到让我一夜白头的文学的味道。

违反人性

"冯唐,你觉得,一夫一妻制的婚姻,从生物学和医学的角度看,是不是违反人性?"

我做任何其他事情,都是自修的野路数,除了医学和生物。连带在北大生物系的三年预科,一共老老实实地修了八年临床医学,而且还是妇科,再狡辩,也算是科班了。所以,不管我原来学得如何稀松,不管我已经离开原来营生多少年了,早就记不清颅底那十几个大孔分别进进出出着哪些神经血管了,不管我对战略管理素养实战俱佳,对公司治理高管薪酬了然于胸,熟悉或不熟悉的人和我聊天,基本没人问我,联想应该采取什么样的国际化战略,如何加强审计监察才能避免中银香港刘金宝和朱赤违规贷款私分小金库的问题再次出现。由于我又是个妇科大夫,问我的问题大多怪力乱神,诲淫诲盗,比如四十二岁怀孕生孩子生成傻子或是怪物的概率有多大,比如一夫一妻制的婚姻是不是违反人性。

简单地说,从古至今有三类男人不被女人当成男人:太监,乳腺外科大夫,妇产科大夫。改了行的也不行。

问我这个问题的是小马姑娘。小马姑娘出身名门,清华国际金融系毕业，哈佛商学院MBA，前知名管理咨询公司金牌分析员，现知名投资银行实习。小马姑娘腰身妩媚，皮肤很白，头发很黑，屋子里稍热一些或是一点酒精，不用腮红，腮自然红，不用唇彩，唇自然光彩。小马姑娘态度谦和，微微笑着，话不多，声音婉转，总是低八度，戴黑边眼镜，黑边宽厚，掩盖眉头一弯秋月眼角一朵春花。小马姑娘说出话来，用字平和，但是观点一刀见血，逻辑水泼不进。有道菜叫拔丝鲜奶，做得好的，鲜奶如皮肤嫩白态度谦和，拔丝如腰身妩媚声音婉转。小马姑娘是拔丝鲜奶，但是每块鲜奶里都有一颗或是半颗铁钉。古龙说，迷死人不偿命的，就是这种人吧。

"冯唐，从生物学和医学的角度看，老天爷设计人性的时候，最终的效果是不是让个体基因存在下去的概率最大化？"小马姑娘接着问。

我们坐在交易广场三期旁边的一个叫"MIX（我倾向于翻译成杂交）"的快餐厅，地板是水泥细抹，墙上全是绿色。"杂交"号称健康食品，以各种混合鲜榨果汁和健康三明治和分量很少为特色。从生物学和医学的角度看，让你吃成半饱，吃什么都是健康。我喝了一口蓝莓和猕猴桃的杂交汁液，味道近乎猫尿。

"冯唐，人性逼着我们，跳来跳去，逛来逛去，睡来睡去，生命不息，恋爱不止。所以，是人性，不是我。树欲静而风不止，即使理智告诉我，我妈告诉我，身份证告诉我，我他妈的一把年纪了，该嫁人了。你不是也告诉我，现嫁人再离都比耗着好。我还是不能不恋爱，一旦心有它动，很难对一个人承诺，我会恪守妇道。"小马姑娘也喝了口她面前的杂交汁液，血红色的，不是西瓜，不是木瓜，不知道是什么瓜。可以不穿职业套装的时候，小马姑娘最爱小女孩装扮，浅粉浅蓝，条条点点，小护士、小保姆的样子，浑然不管身份证说什么。

"我想,从设计上讲,人有适应能力,人体各种感官受体都是这样设计的。比如你一把抱住郑伊健,他刚做完俊士香水广告,你一鼻子的美好的郑伊健俊士香水味道,各种生物化学信号从鼻子直奔大脑中的海马体,进而引发你各种下流想法。但是不出十分钟,你的鼻子基本停止了传递。如果你觉得这个场景恶心,你可以想象,你上一个没人打理的乡村厕所,你踹门进去,苍蝇推了你一把,你一鼻子的屎尿的胺类味道,各种生物化学信号从鼻子直奔大脑中的海马体,进而引发你各种厌恶想法。但是不出十分钟,你的鼻子也基本停止了传递。苍蝇乱飞和群莺乱飞没有本质区别,乡村厕所和郑伊健没有本质区别。"

"一样恶心。你接着说。"小马姑娘又嘬了口她面前的杂交汁液,毫无芥蒂。

"进一步讲,人适应之后的需求是变化,喜新厌旧。好吃莫过饺子,你连吃十顿试试?好受莫过躺着,你连躺十天试试?"列农和大野洋子在床上躺着反战几个星期。如果列农那个时候真情告白,问他看到大野洋子和床想到什么,他会说,想吐。

"这么说你是同意我的说法了?一夫一妻制的婚姻就是违反人性。"

"感觉没有就算了,心不止就让它先燃烧着,顺其自然吧。"我和了和稀泥,没有继续谈人性。人性太复杂了,懒,也是人性,怕孤单,也是人性,顺应规则维护社会,也是人性,这些人性创造银婚金婚钻石婚。在人体神经体液内分泌等等构成的庞杂信息系统里,相互矛盾的人性如何相互作用,如何分出雌雄,我这个医学叛徒,如何知道?

我吐尽一口气,深嘬吸管,吸干了面前那杯杂交汁液。

卷三

那些事儿

在三十岁遥想四十岁退休

　　有了电子邮件没几年，几乎就开始收不到正经纸信了。二十世纪九十年代初大学时代，和相好分布在两个不同的城市，鞭长莫及，周一三五，千字长信，二四六，百字短札，周日休息，晚饭饺子就蒜之后医院澡堂子洗澡之后，重读这一周的柏拉图交流，一笔挨着一划（画）地想象，相好这周里在什么时候用什么姿势以什么心情写下这四千来个钢笔字，感觉心田满溢。现在，这些纸信都装在一个长得像大号骨灰盒的小箱子里了，作为三十好几肚腩满溢的我也曾经是情圣的铁证。现在，信箱里塞的都是垃圾纸信，推荐家政的，超市降价促销的，安装非法卫星电视的，问我的房子什么时候要卖的。

　　在信箱里看到我最新的国航里程报告，瞥见消费总里程，七十六万公里，吓了我一跳。八年前加入这个常旅客计划，之前没坐过飞机，当时看到手册里提及，累积一百万公里就是终身白金卡，想，要什么样的衰人才能飞这么多啊，女的飞到了，一定绝经，男的飞到了，一定阳痿。八年过去，三十多岁，我看着印刷着的"七十六万"，开始畅想四十岁退休。

　　退休之后，五六身西装都送小区保安，二十来条领带和黑袜子捆个墩布，几个PDA手机和黑莓跟我外甥换他的PSP和NDS，固定电话也不装，只保留一个小区宽带，MSN每次都隐身登录。谁要找我，来门口敲门。

　　退休之后，第一，睡觉。睡到阳光掀眼皮，枕头埋头，再睡半天儿。第二，写书。过去码字和大小便一样，都要抓空档儿，不顾礼法，不理章法，脱了裤子，劈头就说。反复被别人提意见，节奏感太差，文字太挤，大小不分，一样浓稠。现在，有了便意就去蹲着，一边蹲着一边看王安石和古龙，等待，起性，感觉来了，只管自己，不管别人，只管肥沃大地，不管救赎灵魂。第三，念书。高中的相好，女儿都那么大了，手是不能再摸了，高中念的《史记》和《西京杂记》，还可以再看吧？然后还用白白的纸，还用细细的水，还洗手，还拿吹风机把手吹得干燥而温暖。第四，修门冷僻的学问。比如甲骨文，比如商周玉，比如禅师的性生活史。第五，开个旧书店。刘白羽《红玛瑙集》的第一版和凯鲁亚克《在路上》的第一版一起卖，叶医生的明式家具图谱和Jessica Rawson的玉书一起卖。夏天要凉快，冬天要暖和。最好生个蜂窝煤炉子，炉子里烤红薯，上面烤包子，吃不了的，也卖。第六，和老流氓们泡在一起。从下午三点到早上三点，从二〇一二到二〇二二，从九〇后到二〇〇〇后，姑娘们像超市里的瓜果梨桃，每天都是新的，老流氓们慈祥地笑笑，皱纹泛起涟漪，连上洗手间的想法都没有。第七，陪父母。老爸老妈忽然就七十多了，尽管我闭上眼睛，想起来的还是他们四五十岁时候的样子。我去买个录音笔，能录八小时的那种，放在我老妈面前，和老妈白嘴儿分喝两瓶红酒（心脏病青光眼之后，白酒就不劝她喝了），问她，什么是幸福啊？你相信来生吗？这辈子活着是为了什么啊？怂恿她，我姐又换相好了是不是脑子短路了？我哥每天都睡到中午一天一顿饭是不是都是

137

你从小培养的啊?我爸最近常去街道组织的"棋牌乐",总说赢钱,总说马上就被誉为垂杨柳西区赌神了,你信吗?我老妈眼睛会放出淡红色的光芒,嘴角泛起细碎的泡沫,一定能骂满一支录音笔,骂满两个红酒橡木桶,原文照发就是纳博科夫的《说吧,记忆》。文字上曾经崇拜过的王朔王小波周树人周作人,或者已经不是高山,或者很快不是高山,但是司马迁还是高山,我老妈还是高山,两个浑圆而巨大的睾丸,高山仰止。老爸如果没去"棋牌乐",这时候饭菜该做好了,干炸带鱼的味道闪过厨房门缝,暖暖地弥漫整个屋子。

我们为什么喜欢明朝的桌椅板凳

  人心易变，潮流一会儿一个方向。前年兴吃红焖羊肉，今年兴吃水煮鱼麻辣蟹，后年不知道又会兴什么。昨天兴看大眉大眼健康热闹的宁静、赵薇，今天兴看尖鼻尖嘴酷涩狐媚的王菲、周迅，后天不知道满大街满电视里红旗招展的又是谁的脸。

  人心不变，多少年过来，还是两个心室、两个心房的结构，一些事情还是流转不散。过去有黄包车和骆驼祥子，现在有夏利和的哥，市井依然。过去有陈圆圆，一轮明月下比较李自成和吴三桂的短长粗细，现在有璩美凤，在摄像头前讨论陈大哥，淫邪常在。过去有《灯草和尚》、《如意君传》，现在有《曼娜回忆录》、《北京故事》，感情总动人。从过去到现在，小孩子都要背诵"鹅、鹅、鹅"、"床前明月光"，我们都喜欢明朝的桌椅板凳。

  为什么明朝的桌椅板凳最牛逼？因为明朝（特别是明朝后期，特别是在江南），推行了市场经济。仓廪实知礼节，饱富思淫，这个道理亘古不变，有了钱才会感觉空虚，开始琢磨星空和道德率。有了钱才会下体肿胀，开始琢磨美人"临去时秋波那一转"。所以明朝的文人写出《肉蒲团》、《金瓶梅》，所以明朝的匠人造出牛逼的桌椅板凳。研究明式家具的泰斗王世襄讲了类似的两点原因："明及清前期家具之所以能有如此之高的成就，除了继承宋代的优良传统外，主要有两个原因：一是由于城市乡镇的繁荣，商品经济的发展，不仅大大增加了家具的需求，而且改变了社会习尚，兴起了普遍讲求家具陈设的风气；二是海禁开放，大量输入硬木，使工匠有可能制造出精美坚实并超越前代的家具。"

为什么我们到现在还喜欢明朝的桌椅板凳？对于这个问题，王老只是陈述了一个事实，原因讲得不清楚。王老写道："明及清前期家具陈置在我国传统的建筑中最为适宜，自不待言。不过出乎意料的是见到几处非常现代化的欧美住宅，陈置着明式家具，竟也十分协调。不难设想，如将上述的情况倒转过来，把近二三百年来，豪华的西洋家具摆在我国的古建筑中，必然会感到不伦不类，而为什么明式家具和现代生活却能这样合拍呢？思考一下似乎也不难理解，正是由于西方现代生活所追求的简洁明快的格调在本质上和明式家具有相同之处的缘故。"

王老提出的"简洁明快"肯定是原因之一。明式家具的简洁应合后现代的极简主义：少就是好，越少就是越好。禅宗讲，一花一世界，一叶一如来。一句也是多，一说就是错。见过一个日本知名商社的董事会室的设计：一庭院，一枯石，一干松，一石屋，一木桌。一束阳光从屋顶打在空荡荡的石屋里的那个小木桌周围，周围再无他物。做得有些极端，但是道理昭然，那么多业务，那么多投资的可能，那么多人事，必须去繁就简，想想清楚。见过周公瑕（文征明弟子，工行草及兰花）刻在一具紫檀椅子靠背板上的文字："无事此静坐，一日如两日。若活七十年，便是百四十。"字写得一般，有些甜弱，但是意思明确。五色炫目，五欲乱心，说到底，还是静以修身，俭以养德，心不乱，一切就都有了。"简洁明快"不是缺谁都行，做得好的"简洁明快"，功能一点都不能减弱，甚至更强。这需要功夫。残破的维纳斯，缺了胳膊是"简洁明快"，如果缺了乳房和屁股，就该送进废品收购站了。女孩子的小衬衫只露一点肚脐和两指宽的胸脯，也是旖旎无限，也促进观众的激素分泌，需要裁缝更好的手艺。做管理咨询的常提"电梯测验"：假设你在电梯里碰见了你的大老板，考你能不能在同乘电梯的三十秒中，向你的大老板讲清楚最近几个月你都干了什么。过去大臣上朝，向皇帝陈述政见，能用的时间也不过三十秒。在这三十秒钟，能简洁明快，说得清楚又不干涩，需要功夫。

我们到现在还喜欢明朝桌椅板凳的第二个原因是"细腻精致"。"简洁明快"不等于偷工减料，明朝的桌椅板凳做得细腻精致。从小就知道我们的文明博大精深，从古数到今天，唐诗宋词元曲明具。明朝的桌椅板凳料好活细，大匠制器，好像大师作诗，"一年成二句，一吟双泪流"，好椅子做成，"日三摩挲，何如十五女肤！"现在逛红桥市场、潘家园市场，时常感觉害臊：东西做得太假了，活太糙了。一个白胡子老头卖旧书，仗着胡子长装行家胡说八道："你看，这旧春宫假不了！你看，扉页印着呢，北宋印制！"心里想，真是今不如昔。过去出来混，当个董小宛，也得琴棋书画粗通，《素女经》、《洞玄子》精读，采阳滋阴都明白。现在出来混，长个傻高个，敢刺个青嗑个药，两腿一叉开就合格了。

要搬新房子了，我需要添把椅子。生命中花时间最多的地方，一个是床，另外一个就是椅子，我决定不吝银子。我有两个选择，一个是明式的黄花梨南官帽椅，另一个是Herman Miller的Aeron。Aeron是个化工材料做的网眼椅，严格按照人体工程学原理，椅子所有关键部

141

位都能调节。由于有网眼,夏天坐再长时间,屁股也不出汗。坐上去,调节好,感觉仿佛你的初恋情人从你后面在轻轻抱着你。想来想去,我买了Aeron。黄花梨南官帽椅太费事了。卖椅子的行家说,这种椅子要出彩儿,出灵气,一定要时不时让黄花姑娘光了屁股在上面摩挲。现在新社会了,哪儿找黄花姑娘去?

比比谁傻，谁比谁傻

吴敬琏先生前些日子说了一句话 "股市如赌场"，捅了马蜂窝。有痛心疾首的，那是赔了血汗钱又没多少机会翻本的小股民。有假装愤怒的，那是赚了容易赚的钱但担心有人搅局的庄家。

其实，吴老先生只是说了一句大实话，于是犯了某种忌讳。这个世界不怕好话、坏话、废话，就怕实话。想起鲁迅讲的一个段子："说大户人家给幼公子过满月，宾客A说，此子神秀，当升官，大户酒肉伺候。宾客B说，此子俊朗，当发财，大户酒肉伺候。宾客C说，此子肉身，将来一定会死的，大户乱棒打走。"股市也一样，说好话的如宾客A和B，吹起一个个泡泡：网络、媒体、生物、奥运，庄家待之如上宾，拨通手机，告诉他们"我要清仓出货了，没事就跑吧"。其实庄家甚至不怕说坏话的，允许宾客A和B叹口气，假装一下正义，庄家们正好低位吸货建仓，等待宾客A和B吹起下一个泡泡。大户说，儿子毕竟是自己的儿子，能怎么样呢。庄家说，国家规定，股市是为国有企业改革服务的。国家规定，中国股市不能做空，不让做空的市场，不涨还能怎么样呢。但是，庄家怕人说实话，庄家是要做的，最没有可做的是实话。实话就像一根搅屎棍，不能让水多，不能让水少，只能搅了大家的局。古今中外，地主老财都是凶狠的，谁搅了庄家的活路，庄家就会夺了谁的生路。给吴老先生扣的最大的帽子是：严重阻碍改革开发、经济腾飞。要不是吴老白发苍苍，一副德高望重的样子，要不是吴老还没能像美国格老那样，能左右利率，庄家们肯定花千八百块钱，聘请两名精干川北民工，打吴老的闷棍。

其实，吴老先生只是说了一句废话，古今中外，哪里的股市不是赌场？什么时候的股市不是赌场？看看现在处于发展最前沿的美国股票市场，一本叫《傻钱》的书讲道："华尔街是当今地球上受操纵最深、最邪恶、最腐败的市场。所有财务报告都是伪造的，所有消息报道都是虚假的。"地球是圆的，天下的乌鸦都是黑的。再多推一层，即使证明了股市是赌场，赌徒们就不赌了吗？财富还是要相对集中的，庄家们满足一己私欲之后，还是会用相对集中的资金做些相对的好事。一夜暴富的梦还是要做的，小股民是很容易忘却的，三个涨停板就能让公众的信心硬挺起来，然后去挤兑银行。黄毒赌，千古不绝，是有生理基础的。精满则溢，所以一段时间间隔后，想起烟花柳巷，忘记了花柳病的危险。毒瘾犯了，身体里的阿片受体嗷嗷待哺，一定要扎上一针。赌博也一样，几个人打麻将，想收手的肯定是赢了钱的，赖在桌子上不下来的，肯定是四圈没开和的，大声嚷嚷："不多来了，不多来了，再来十六圈。"

既然股市如赌场，下面一个问题是：小股民在这样的股市如何玩？

一种方案是遵循价值原则。二〇〇〇年的早春，纳斯达克5500点，大泡泡晶莹亮丽。我在亚特兰大的一个大教堂里，见到了来开可口可乐董事会的股神沃伦·巴菲特。股神一脸倔强，坚信大泡泡就是个大泡泡，再美丽也是大泡泡。他在讲台布道："第一是价值，第二是价值,第三还是价值。就像到市场上买你用得着的产品和服务,你应该到股市买那些向你提供让你满意的产品和服务的公司的股票。"一年后,纳斯达克跌至不足1700点。股神这种价值原则具体体现在彼得·林奇身上。这个基金之王对自己经手股票的几百家公司了如指掌,随时跟踪,不到四十须发皆白。这个方案对于中国股民不适用。价值?中国上市公司的价值?摩根斯坦利讲,中国所有上市公司中,只有二十家具有投资价值。有多少价值,谁知道呀?再者说,就算中国有思科,有通用电器,一买三千股,一放二十年,那叫什么炒股?对于热衷于黄毒赌的人来说,就好像劝他们走出夜总会,抱老婆睡觉;爱惜生命,多吃水果;远离牌桌,开一家包子铺,卖一个包子挣一毛钱净利。

  另一个方案是遵循大傻瓜理论。按《傻钱》里的说法:"在一个靠信心支撑的市场中,所有事情都取决于狂热的参与者能否对市场前景保持信心。"如果想挣钱,必须找到比自己更大的傻子。中国股市五十倍的市盈率,合不合理和你挣钱一点关系也没有。只要你找到认为市盈率应该是五十一倍的更大的傻子,你就可以挣到钱。要真的运用大傻瓜理论,还有很多技巧需要学习掌握,比如基本的技术分析(跟数理经济学、金融衍生物和诺贝尔奖金没有关系,大傻瓜!),比如消息的收集处理(别再问消息是真是假了,大傻瓜!),比如大众心理学。我将来要开个学习班,收费讲授大傻瓜理论。现在,可以透露其中一个重要原则:你需要战胜两个恶魔,一个是贪婪,一个是恐惧。今天买今天卖,不留股票过夜。后现代了,讲究的是一夜情。不要贪婪,不要认为睡过一次的人能是你一生的依靠。不要恐惧,该下单就下单,伟哥已经开始起效,老婆还在加班。

  赶快报名参加我的学习班吧,比比谁傻,谁比谁傻,大傻瓜!

弱智后现代之英雄新衣

识字之后,两个词对我的诱惑最大,一个是"英雄",一个是"美人"。

"美人"自然人见人爱,想起来热血上升:隔壁班上的那个女生昨晚又跟谁睡觉了?可是到底什么样的姑娘是美人?隔壁王叔叔的女儿,同班的小翠,还是书上说的杨玉环?为什么胸饱满一些腰纤细一些就是好看?美人也是人吗?睡觉吗?吃饭吗?每天都洗脸刷牙上厕所吗?美人在想什么?这一街一街的两条腿的男人,为什么她单挑了那个人睡觉呢?

"英雄"自然人人敬仰,想起来心中肿胀:我什么时候才能成为英雄?可是到底什么样的是英雄?收腊肉当学费的孔丘,身残志坚的司马迁,立德立功立言三不朽的曾国藩,还是好事做尽的雷锋?要走过多少路,要吃过多少苦,干过多少事,挣下多少钱,写过多少字,别人才认为你是英雄?你被大家当成英雄之后,所谓的美人会单挑了你睡觉吗?如果不,为什么要成为英雄呢?

读史之后,一个时代和一类人物对我的诱惑最大。

那个时代是春秋战国,那类人物是刺客。春秋战国乱得无比丰富,一口火锅,五百来年,炖涮出中国文明绝大部分的重要味道,《诗经》、《易经》、《道德经》、《论语》、《庄子》。武士动刀子,谋士动舌头,骗诸侯或装孙子或臭牛逼,活得一样生动激越、真实刻骨。刺客和娼妓是人类最古老的两种职业,与生俱来,有拳头就能当刺客,有大腿就能当娼妓。司马迁把刺客列在吕不韦之后李斯之前,立传留名。他对一个叫豫让的刺客崇敬不已,反复引用他的话:"士为知己者死,女为悦己者容。"这类人中,最著名的一个就是那个好读书喝酒击剑的荆轲。他临刺秦王的时候,高唱:"风萧萧兮易水寒,壮士一去兮不复还!"如今,北京的沙尘暴飘起,我背出这些诗句,还是涕泪沾襟。所以如果不是赴重要的牌局、酒局,我决不轻易吟诵。

所以,当听说一个叫张艺谋的导演要拍一部叫《英雄》的电影,讲述刺客刺秦的故事,我想,有的可看了,一定要看。又听说,投资了三千万美金,挑了一水的大明星,梁朝伟在《春光乍泄》中一把抱住张国荣的后腰是如此柔情似水,张曼玉是我从高中就贴在床头的偶像,李连杰能用自己的脚踢爆自己的头。另外,马友友的大提琴,谭盾的音乐,袁和平的武打设计,都是一时才俊、不二之选。我想,至于动这么大干戈吗?被阉掉的司马迁在两千年前,只用了不到两千个浅显汉字,就让我在两千年后,看得两眼发直,真魂出壳,知道了什么是立意皎然,不欺其志,名垂后世。又听说,片子拍出来后,媒体上到处报道,还跟奥斯卡扯上边,好像谁要是不看谁就没文化谁就没品位谁就不尊重华语声音,跟送礼都要送"脑白金"似的。盗版一点也见不到,跟各级政府、武警、公安局都有积极参与似的。深圳提前首映,一人一票,入门搜身,查身份证,比到天安门广场毛主席纪念堂看老人家遗容都严格。片头广告早卖出去了,游戏改编权也早卖出去了。

我想,坏了,琢磨着像有骗子在整事儿,纺织机器已经启动,皇帝的新衣正在制作。

北京首映的时候,暗恋梁朝伟和李连杰的小秘书老早就积极安排,公司包场,新东安小厅。为了不影响观看,同志们说好,不带小孩,不买爆米花,手机不放在振动,彻底关掉。电影开始四分之一,大家沉默期望,很多好电影都是慢热的。电影进行一半,大家互相张看,不知道到底是谁弱智。等到张曼玉问梁朝伟道:"你心里除了天下,还有什么?"大家相视一笑,知道是谁弱智了,于是同声先于梁朝伟说道:"还有你。"最后,被射成刺猬的李连杰被抬走了,演出结束了,小厅里灯亮了,我们领导严肃地说:"谁撺掇看的?谁安排包场的?扣她这月工资!"

工资事小,反正不扣我的,但是,这帮家伙借着电影的名义用所谓艺术的手段,毁了对我诱惑最大的两个词之一:"英雄"。还毁了我无限神往的那个时代和那群人物:"春秋战国的刺客"。

画面恶俗。

按说画面是张艺谋的长项,当年柏林评委说《红高粱》:"这么优美的画面预示着一个天才导演的诞生!"《英雄》的画面里,有李连杰这样的精壮男子,有张曼玉这样的妙曼女子,有各种中国符号:围棋、兵器、古琴、秦俑、银杏、汉字,但是怎么看怎么觉得是堆砌。想起中餐的大拼盘、蛋糕雕的城楼、黄瓜摆的大雁。想起北京街头的塑料椰子树,上海的霓虹灯,餐馆里挂的巨幅塑料风景画,花卉市场卖的盆景:一个白胡子老头坐在一座假得不能再假的土山上钓鱼,旁边有个黄白相间的大理石球,一边转圈一边冒白烟。小时候文化底子薄,长大了也是可以补的。多背背"西风残照,汉家陵阙",

多看看范宽的山水、齐白石的花草鸟虫，明白中国式的画面美没那么难。

音乐恶俗。

经高人指点，我的确发现，《英雄》里面添加了好多猛料：歌剧，"大王，杀不杀？杀不杀？"京剧，芭蕾舞剧，秦腔，等等。但是，不是鲍鱼、鱼翅、海参、火腿、燕窝放到锅里，一通乱炖就是"佛跳墙"。这里面还有起承转合、节奏火候，阴阳调和、五行匹配。要不然，每个药铺掌柜都能号称华佗了，不管什么病，反正山参、黄芪、鹿茸、狗鞭、肉苁蓉，挑贵的好的有名气的地球人都知道的往里扔，全当阳痿早泄治。

演员无辜。

兄弟姐妹们还是挺卖力的，演员是无辜的。全剧没有任何细节让梁朝伟表现他的温柔淳厚。陈道明对着"剑"字对着刺客朗诵"天下和平"，一定是导演逼的。李连杰死着一张脸，台词没有差池，至少没有在《罗密欧必死》中用英文笑着说"I miss you"的尴尬。张曼玉老了，香港最好的美容院也挡不住岁月无情，一张脸仿佛是涂了蜡但是搁了很久的水果，临战前和梁朝伟以情人关系睡在一起，让人怀疑是母子。看得出章子怡在加倍努力，每次叫喊着抡着刀剑冲上来的时候，都是口歪眼斜，好像中风早期，好像我某个北京前女友得知我红杏出墙。

导演丑陋。

常年提茶壶的，一朝苦混出来，成了喝茶的，第一件事是不要浮躁，不要得意忘形。既然成了腕儿了，就有资本心平气和、荣辱不惊，继续按照自己看待世界的方式，恶狠狠看下去，继续按照自己理解的表达方式，恶狠狠拍下去。看王家卫火了，就拍《有话好好说》，伊朗火了，就拍《一个不能少》，《卧虎藏龙》火了，就拍《英雄》，就这点点耐性就这点点胸襟。如果真有才气，应该明白如何点化，我在《双旗镇刀客》里看到了司马迁的《刺客列传》和古龙的《七种武器》，我在吴宇森的《变脸》和《不可能完成的任务II》中同样也看到了。如果才尽了，本着对自己名声负责的态度，应该选择沉默。在这点上，我崇敬曹禺和王朔。

剧本。

"文章千古事，得失寸心知。"作为对文字虔诚的人，我拒绝评论，我拒绝将其称为文字。

如果绝大多数人认为，这帮人就是中国乃至华语电影乃至华人艺术的最杰出代表，那么在这个弱智的后现代，这帮家伙毁掉的，不仅仅是我心中的"英雄"和"春秋战国的刺客"，他们更毁掉了我的信心。欧美人拿出Mont Blanc、Tiffany、Leica M6、BMW Z8，我们还能拿出祖宗的景泰蓝、景德镇、故宫、长城。他们拿出荷马、莎士比亚，我们还能拿出唐诗、宋词、李渔。他们拿出伍迪·艾伦、《通俗小说》、《美国往事》，我能拿出什么？张艺谋吗？《英雄》吗？

谈谈恋爱，得得感冒

　　我自从在协和医大念完八年之后弃医从商，每次见生人，都免不了被盘问："你为什么不做医生了？多可惜啊！"就像我一个以色列同事在北京坐出租，每次都免不了被盘问："你们和巴勒斯坦为什么老掐啊？"我的以色列同事有她的标准答案，二百字左右，一分钟背完。我也有我的，经过多次练习已经非常熟练："我的专业是妇科卵巢癌，由于卵巢深埋于妇女盆腔，卵巢癌发现时，多数已经是三期以上，五年存活率不到百分之五十。我觉得我很没用，无论我做什么，几十个病人还是缓慢而痛苦地死去。我决定弃医从商，如果一个公司业绩总是无法改善，我至少可以建议老板关门另开一个，如果我面对一个卵巢癌病人，我不能建议她这次先死，下辈子重新来过。"多数人唏嘘一番，对这个答案表示满意，迷信科学的少数人较真，接着问："你难道对科学的进步这么没有信心，这么虚无？"我的标准答案是："现代医学科学这么多年了，还没治愈感冒。"

　　感冒仿佛爱情，如果上帝是个程序员，感冒和爱情应该被编在一个子程序里。感冒简单些，编程用了一百行，爱情复杂些，用了一万行。

感冒病毒到处存在,就像好姑娘满大街都是。人得感冒,不能怨社会,只能怨自己身体太弱,抵抗力低。人感到爱情,不能恨命薄,只能恨爹妈甩给你的基因太容易傻逼。

得了感冒,没有任何办法。所有感冒药只能缓解症状和(或)骗你钱财,和对症治疗一点关系也没有。最好的治疗是卧床休息,让你的身体和病毒泡在一起,多喝白开水或者橙汁,七天之后,你如果不死,感冒自己就跑了。感到爱情,没有任何办法。血管里的激素嗷嗷作响,作用的受体又不在小鸡鸡,跑三千米、洗凉水澡也没用,蹭大树、喝大酒也没用,背《金刚经》、《矛盾论》也没用。最好的治疗是和让你感到爱情的姑娘上床,让你的身体和她泡在一起,多谈人生或者理想,七年之后,你如果不傻掉,爱情自己就跑了。曾经让你成为非人类的姑娘,长发剪短,仙气消散,凤凰变回母鸡,玫瑰变回菜花。

数年之前,我做完一台卵巢子宫全切除手术,回复呼机上的一个手机。是我一个上清华计算机系的高中同学,他在电话里说,他昨晚外边乱走,着凉了,要感冒。他现在正坐在他家门口的马路牙子上,看,让他感到爱情的姑娘派她的哥哥搬走她的衣物和两个人巨大的婚纱照片,在搬家公司的卡车上,在照片里,他和她笑着,摇晃着。这个姑娘和他订婚七天之后就反悔了,给他一封信,说她三天三夜无眠,还是决定舍去今生的安稳去追求虚无的爱情。

领取而今现在

  学生物的时候，教授讲，每个存在都是一个奇迹，所以我们要捍卫物种多样性。翻闲书，哲学家讲，幸福的严格定义是多态，所以隔壁班上女生的豆腐再好，我还是偶尔想起陈麻婆的豆腐，所以花瓶里的玫瑰花再好，我还是间或想起蒜蓉的西兰花。

  于是我们期望改变，期望不一样。

  摘下眼镜，戴上墨镜，眼里的姑娘漂亮了，整个世界变蓝了。塞上耳机，推土机、压路机的声音不见了，陈升在嚎叫："One night in Beijing，我留下许多情。"推开门，雪还没停，唯长安街一痕，景山一点，所有由现代城领导的"红配绿，赛狗屁"建筑，都被白色镇住。一觉儿醒来，窗户阴仄，雨疏风紧，想起年轻时候好多个不明白，其中包括一张脸能够长多少个疱、一双脚能够走多远、一个姑娘能够想多久。还有，我们换电脑墙纸、屏幕保护。我们换手机图标、来电铃声。我们学英文，加入WTO。我们办奥运，修通了五环六环路。

  但是，"不一样"再走一步是"太不一样"，是翻天覆地。

  9·11那天，北京时间的晚上，我在深圳，从客户那边回到酒店，打开啤酒，打开电视，纽约世贸大楼在里面冒烟。第一反应是美国大片，《真实的谎言》续集，喝了一口啤酒，等着施瓦辛格撅着一身腱子肉出现；第二反应是邪教闹事，拦截了通信卫星，播放假想的世界末日；第三个反应是打我同事的手机，看我自己是不是工作过度，开始幻视幻听。

二〇〇三年的春天，北京没来沙尘暴，北京来了"非典"。

山非山，水非水，生活改变。二十几年来，第一次感觉北京金刀大马，马路老宽，小孩子可以像我小时候一样，在街头踢足球，在便道打羽毛球。十几年来，第一次重游北海，丁香还盛，杨柳还青，"仿膳"还是国营的，还号称慈禧爱吃，红烧驼掌还是一股脚丫子味儿。几年来，第一次接到婚前某女友的电话，问还好吗，问邮寄地址，说刚买到城里最后一箱N-95口罩，说放下电话就会用特快寄出。一年多来，老婆第一次主动下厨房，麻婆豆腐，蒜蓉西兰花，我问她会不会做香辣蟹、福寿螺。

山非山，水非水，工作改变。第一次从周一到周五不用穿西装。老板的目的不是放松下属，而是希望同志们一天一洗衣服，远离"非典"。第一次七点之前回家不感觉负疚。反正客户已经在家办公了，隔壁写字楼也被封了，我一个人急有什么用呢？七点回家，春夜方长，看老婆和玫瑰花，嗑瓜子和看《新闻联播》，读《霍乱时期的爱情》和《临床医学的诞生》。第一次，所有人都成了医学爱好者，讨论冠状病毒长得什么样，为什么激素有效，什么时候出现疫苗。第一次想，为什么要求经济每一年每个月都要增长呢？为什么要求自己每一周每一天都要向上呢？

山非山，水非水，观念改变。第一次，大家了解，自然要敬畏，个人卫生要注意，当众打喷嚏、随地吐痰、滥杀邪吃是罪大恶极的。第一次，大家知道，除了道琼斯、恒生指数、GDP，还有"非典"指数：多少新增,多少疑似,多少死亡,多少出院。还有一群穿白大衣的同志,踏着生死,每天干着十几个小时,领着很少的工资。第一次,大家明白,无论庶民公侯,说话做事都是要负责任的,没有报纸电视还有互联网,没有互联网还有短信息,没有短信息还有人心。

二〇〇三年的五月底,坐在出租车上,三环东路又开始塞车了,街边的火锅馆子又基本上满了人。车上的收音机里,一个经济学家在发言:"'非典'的影响是短暂的、局部的、可逆转的。"手机上老总留言:明天穿西装,见客户,新项目启动。写信谢我的前女友,告诉她我没得"非典",但人却被N-95捂得缺氧。问她为什么好久没有音信,她回了一句恶俗的台湾爱情诗:有时关切是问,有时关切是不问。这样水波不兴,你好我也好。山还是山,水还是水,生活和工作终会照旧。希望观念的改变能留得长久些:敬天悯人,相信人心。

学医的时候,老师讲,人是要生老病死的,致病微生物是到处存在的。回家刻了颗阴文印,截朱敦儒的《西江月》:不须计较与安排,领取而今现在。

挣多少算够

开始挣钱之后，不能再把父母家当食堂，不能睡到"自然醒"。于是常想，挣多少就算够了，可以把楼口的川菜馆子当一辈子的食堂，天天睡到大天亮。

先不考虑能挣多少。领导说，人有多大胆，田有多大产。村民说，要想富挖古墓，要想富扒铁路。然后村干部在村民的院墙上写标语：私造枪支是违法的，武装抗税可耻，坚决打击刑事犯罪。字色惨白，斗大。

"挣多少就算够了"可以分解成两个问题：挣钱的目的是什么？目的明确之后，量出为入，应该挣多少？

挣钱的目的可以简单概括成三种：一、为了近期衣食无忧；二、为了有生之年衣食无忧；三、为了金钱带来的成就感和权力感。

如果目的是前两种，需要进一步问的是：你要的是什么样的衣食无忧？穿老头衫、懒汉鞋，喝普通燕京啤酒，住大杂院，蹬自行车，想念胡同口四十出头的李寡妇，是一种衣食无忧。飞到意大利量身定制，穿绣了自己名字缩写的衬衫，喝上好年份的波尔多红酒，住假前卫艺术家设计的水景豪宅，开兰勃基尼的跑车，想念穿红裙子的金喜善，是另一种衣食无忧。

即使现在选定了生活方式，还要能保证将来的想法和现在基本一致，才能保证计算基本准确。"由俭入奢易，由奢入俭难"，现在习惯鲍鱼，退休后不一定能习惯鲫鱼。还要考虑意外，天有不测风云，比如婚外恋、宫外孕等，所以计算要用风险系数调整。

如果是第三种目的，你希望呼风唤雨，管辖无数的人，每次上厕所用无数个马桶。你没救了，只有一条路走到黑，成社会精英，上富豪榜或是进班房。

生活方式确定，衣食住行，吃喝嫖赌，每年的花销基本可以算出，就算你活到七十五吧，然后用现金流折算法（DCF, Discounted Cash Flow)算到今天，算出该挣到的数。挣到这个数，你就该够了。挣到这个数后，按你预定的生活方式花，到七十五岁生日的时候，你不剩啥钱，也不欠啥钱，死神不找你，你就放煤气割手腕，确保预测准确，功德圆满。

在一个夏天的下午，我想起年轻时造的阴孽和未来医学可能的进展，我估计我应该比常遇春长寿，比如活到六十。进而我又大概算了一下自己该挣多少。

生活上，太俭，我受不了。大昭寺的导游说，那个面目古怪的佛像生前是个苦行僧，十三年在一个山洞里修佛，喝水，不动，皮肤上长出绿毛来。颜回说，一箪食，一瓢饮，人不堪其忧，回不改其乐。我不想当绿毛圣人，也不想太早死。太奢，我不敢，畏天怒。吃龙肝凤髓，可能得"非典"。请西施陪唱卡拉OK，我听不懂杭州土话。

我喜欢质量好的棉布和皮革。好棉布吸汗，好皮革摸上去舒服。自己一天比一天皮糙肉厚，十四五的小姑娘又不让随便乱摸，所以好皮衣很重要。我喜欢吃肉吃辣，哪种都不贵。住的地方小点儿无所谓，过去上学时我们六个人睡了八年十平方米的宿舍，但是一定要靠近城市中心，挑起窗帘，就能感到物欲横流。对车不感兴趣，但是对通过开好车泡好看姑娘这件事并不反感，想过的最贵的车是BMW X5。我不需要金喜善，看金喜善觉得漂亮不是本事。我想象力丰富，金百万洗洗脸，我也能把她想象成金喜善。我喜欢各种奇巧电子物件，手机要能偷拍，PDA要能放电影带Wi-Fi，数码相机要一千一百万像素，用通用的光学镜头，隔一百五十米，能照出北海对岸练太极的老头的鼻毛。如此如此，再用现金流折算法算一下，大概需要一千来万。

我自己的下一个问题是：是撅着屁股使劲儿挣呢，还是调低对生活的预期？

"薄酒可以忘忧，丑妻可以白头，徐行不必驷马，称身不比狐裘"，说这话的不知道是先贤还是阿Q。

是意淫古人的时候了

读书是每个人都可以喜欢的事情。有人先入道,有人后开始读,后来人自然就有对读书理论的需求:知道前辈们如何读书,省却好些弯路。前辈们也乐得提供:"好为人师"、"含饴弄孙"和"饮食男女"一样植入人心。但是,晚辈们要千万小心,擦亮眼睛,在笃信前辈们的结论之前,考量结论的语境和作者的心境。

五四以来,在读书理论里,最正统、最嚣张、最深入人心的就算"不读中国古书论"了。

最正统,因为是由鲁迅首倡。1925年1月,《京报》副刊征求"青年必读书"十部的篇目,鲁迅因此写了一篇《青年必读书》的短文。鲁迅的答案很短:"从来没有留心过,所以现在说不出。"但是有个挺长的附注,附注里说:"……我以为要少——或者竟不——看中国书,多看外国书……"鲁迅当时讲的中国书,即指中国古书,这层意思,他又在一年后的《写在〈坟〉后面》和《古书与白话》等文章里反复阐明。

最嚣张,"四人帮"说批孔,破四旧,亲切地直呼孔丘为孔老二,暗示孔丘是春秋战国时代著名的鸡鸡。书评大家曹聚仁明确提出"爱惜精神，莫读古书"，并且写了一连串的文章：《我的读书经验》、《要通古书再等一百年》、《无经可读》、《劝世人莫读古书文》等，洋洋洒洒，够出一本专辑。

最深入人心，懒人说，路上有狮子，这么难认的文字，不读中国古书当然好了。书店里有《中国可以说不》、《WTO手册》的民族意气和全民牛逼，有金庸、古龙的拳头，有卫慧、棉棉、九丹、木子美的枕头。书店外有网吧卡拉OK，有茶楼酒吧，有发廊影院。信息时代了，事烦时窄，难做的事情，前辈大家说不做就当然不做了。

现在看来，没有比"不读中国古书论"更荒谬的了。

鲁迅说"不读中国古书"是因为他是鲁迅。不提他的私塾幼功，单是他自一九一二年到北平教育部任职开始，至一九三六年于上海逝世为止，数十年间，购书读书，每年日记都以一篇书账结束。从现在的人口构成看，能认全鲁迅书账上所有汉字的，百无一人，能了解一半书目内容的，千无一人，看过一半书目所涉书籍的，万无一人。简单地说，如果杜牧和柳永痛心疾首地对你说，歌寮夜总会无聊之极，小蛮腰小肥屁股无聊之极，你要打个大大的折扣。另外，鲁迅说"不读中国古书"是因为一九二五年。那年月，中国上下，摆不稳一张书桌，"昔宋人议论未定，辽兵已渡河"，还是学些造船造炮、金融会计这类的西学，然后做起来富国强兵要紧。

曹聚仁说"不读中国古书"是因为他犯了一个逻辑错误。曹聚仁笃信颜李学派读书论。颜元说："读书愈多愈惑，审事机愈无识，办经济愈无力。"李塨说："纸上之阅历多，则世事之阅历少。笔墨之精神多，则经济之精神少。宋明之亡以此。"曹聚仁的推理如下：颜李认为"开卷有害"，颜李是中国古人，颜李读的当然都是中国古书，所以颜李认为应该不读中国古书。其实颜李只是认为"开卷过多有害",知行应该平衡。另外,曹聚仁把读古书看得太神圣了,一定要读真经,一定要从考证甚至考古入手,一定要懂古文家今文家宋学家汉学家的异同,才能读古书。简单地说,再大的美人也要大便,《诗经》里"行迈靡靡,中心摇摇,知我者谓我心忧,不知我者谓我何求,悠悠苍天,此何人哉",和崔健的"我曾经问个不休,你何时跟我走",没有本质区别,都是情动于中,而形于言。作为后生小子,意淫古人,读断读通就好,摸着想象中的手心驰神荡就好,不必知道古人的界门纲目科属种。

无论是靠写字补贴家用的还是不靠写字补贴家用的,都是意淫古人的时候了。

不靠写字补贴家用的,必然是经世济民的好手。简单地说,去美国读两年MBA不如恶补两年明史、清史,小白菜比小甜甜布莱妮可爱,廷议比课堂案例凌厉,明史清史比美国教科书讲中国的事情更通透。

靠写字补贴家用的责无旁贷,是文字就应该是你的原材料,掌握之后煎炒烹炸,上至三代铭文,下至隔壁王寡妇叫床,不该避讳。撇开祖宗几千年积累下来的狡猾可喜的文字,是渎职,是犯罪。不要言必谈五四时期的反叛,那是中国新文字的青春期,一定要杀死父亲才能知道自己姓什么。李锐讲:"从严复、林纾的时代算起,总共才一百年多一点,但是,这一百多年是方块字的文学变化最巨大、最深刻的一百年。在这一百多年里,我们先是被别人用坚船利炮逼迫着改变自己,接着又用一场又一场的革命改变自己。这一百多年,我们几乎一直是在急于改变自己。"现在是该上上祖坟的时候了,检点一下,祖宗有什么好东西。

给不服气的人举一个例子,几十年来,有没有重新出现过类似记录人类经验的中国文字:"夜来月下卧醒,花影零乱,满人衿袖,疑如濯魄于冰壶。(李白)"

《万物生长》初版后记

简单地说，这部小说是个失败。

本来想写出一个过程，但是只写出一种状态。本来想写出一个故事，但是只写出一段生活。本来想写出一个可爱的人物，但是这个人物总体上沾沾自喜、自鸣得意，一副欠抽的样子。

成长（时间）是长期困扰我的一个问题。在《万物生长》里，我尽力想描述一个成长过程，阐述过去、现在和将来的关系。我笔力有限，没能做到，我只表现出一种混沌状态，一个过程的横断面。想到的唯一解决办法，是在《万物生长》所处生长环节之前和之后，再各写一部长度相近的小说，三种状态，三个横断面，或许能给人一个完整过程的感觉。

至于没写出一个完整故事和一个可爱人物，不全是笔力不逮。我在满足读者阅读期待和还原生活之间，徘徊许久，最后选择了后者。真实的生活中，多数的故事并不完整，多数没发育成熟的人物有各种各样混蛋的地方。即使造出来时间机器，重新过一遍充满遗憾的年少时光，不完整的故事还是不完整，混蛋的地方还要混蛋。所有的遗憾，一点不能改变。

对于描述长期困扰于心的东西，有两种截然相反的观点。一种认为，描述过后，脓水流尽，得解脱，得大自在。另一种认为，描述之后，诊断清楚，这种困扰，水流云在，成了一辈子的心症。我无法评说哪种观点更加正确。

如果你读完这本文字，回望或是展望自己的青春，感觉烦躁异常，感觉山非山、水非水，说明我的失败还不是彻底的失败，这本文字所作的努力，还有些存在的价值。

《万物生长》再版序

《万物生长》成书的过程很长。

"鸡头"开在一九九八年的夏天。当时刚念完八年的医学院，在七月的北京无聊地等着八月去美国体会资本主义的腐朽没落。那个夏天很热，死了好些白毛老头和小脚老太太，我在呼啸的电风扇前，想，写个什么吧，写了就忘了，到美国就是一个新开始。

"猪肚"填在一九九九年夏天。我在新泽西一个古老的医疗仪器公司实习，替他们理顺全球投标流程，小组里最年轻的莫妮卡比我大十五岁，公司的主要产品长期占领了世界百分之五十以上的市场，莫妮卡大姐对我说了一句很国企的话："你不要那么使劲干，否则我们压力很大。"所以我上班的时候上网，看新浪新闻，泡两个叫"新大陆"和"文艺复兴"的论坛。名字叫卡门的老板娘不懂中文，鼓励我："仔细看，中国医疗耗材的潜在市场很大。"公司在新泽西北部，是著名的白区，好的意大利餐馆到处都是。唯一一个号称中餐的馆子，大厨和伙计都是越南人冒充的，一句中文都不会，只会做酸辣汤和左公鸡，让我想起初中看的《金瓶梅》录像，也是越南人演的，里面的潘金莲除了微笑和叫床，一言不发。一个地方，如果没有便宜的小馆子可以喝大酒，喝完酒没有姑娘可以拉着手，口无遮拦，对于当时的我，就是监狱。所以我下班的时候，躲在饭店里写《万物生长》。

"猫尾"收在亚特兰大，用的是二〇〇〇年冬天的三周假期。我给当时为我做出版代理的《格调》先生、师奶杀手、出版家石涛写电邮，说，下雪了，我窗外的松鼠们还没冻死。石涛说，他想起他在辛辛那提写作的时候，说，如果觉得文气已尽，当止就止。写完，我回到北京，当时电子书大佬"博库"还笔直地挺着，在长城饭店旁边的小长城酒家新春团拜，有酒有肉，我第一次见北京的作家们，感觉自己像是在凤凰窝里的一只小鸡。我第一次和作家们喝酒，就被一个叫艾丹的，一个叫张驰的，和一个叫狗子的，灌得平生第一次在睡觉以外的时间失去意识，停止思考。去协和医院洗胃，周围十几个医学院同学围着，我心想，将来这些人都是名教授大医生啊，我真牛啊。我事后才知道，这三个家伙，在公认的北京酒鬼好汉榜上分别排名第一、第二和第十一。石涛后来说，我倒下之前，拨了三个手机号码，一个接到留言机，一个说人在上海，最后一个没有通，他想知道，这三个人都是谁。艾丹后来说，我根本就不是他们灌的，是我自己灌的自己，两瓶大二锅头，一个小时就干了，心里不知道有什么想不开的事儿。

《万物生长》出书的过程同样漫长。二十几家出版社的编辑看过叫好之后，摇摇头说不行。好事的勉强通过，呈送上级继续审批，我于是知道了出版社的组织结构和审批流程：编辑，编辑部主任，主编，社长。每个环节，都可以毙掉一本书。二十几家走过的好处是，在这个小圈子里有了口碑，一半以上的编辑写信，说："真遗憾，下本书，收敛些，我们一定合作。"一年之后，纸书终于出来了，删改得尼姑不像尼姑，和尚不像和尚，封面为了掩人耳目，配合书名，做得好像教导群众如何施肥养花的科普读物。

现在回想写《万物生长》的时候，好像曾国藩初带兵，"不要钱，不怕死"，我心中了无羁绊，我行我素，无法无天。我甚至忘了早已经学会的好些小说技巧，后来看我高一写的一个长篇，远比《万物生长》行文老练干净，更像能在《收获》发表的样子。我想，我是土鳖，别太苛求自己。跟生孩子一样，肚子里有要表达的东西，猫三狗四人十月，一直挺着，到时候自然有东西出来。写出来的东西，仿佛生出来的孩子，"儿孙自有儿孙福"，成什么样的气候，是他自己的造化了。

写完寄给我医学院时候同宿舍的下铺，他当地时间早上五点给我打电话，说，看了一晚，决定留到女儿长到十八岁，给她看，原来老爸就是这样长大。寄给我过去的相好，她打来电话，一句话不说，停了一晌，挂了。我当时想，《万物生长》不是我最好的东西，也一定不是我最差的东西，要是有十本类似的东西，我就不算是土鳖了吧，和作家们喝酒的时候也不用腆着脸皮不知羞耻了吧？

过了两年，初版的《万物生长》已经断货。E书先生、少妇杀手、出版家熊灿好事，说有热情出全本，让更多的人知道，有些人这样长大。我想，害别的书商也是害，不如害个有热情的。唯一提了一个要求，再版，原作一个字不能删，该是尼姑的地方是尼姑，该是和尚的地方是和尚。

是为序。

《十八岁给我一个姑娘》序

　　从时间上说，这篇东西是《万物生长》的前传。从内容上说，与《万物生长》没有任何关系。之后会写一篇《万物生长》的后传，写一个从北京到美国，混不下去再从美国回到北京的庸俗爱情故事，题目暂定为《北京北京》。

　　《十八岁给我一个姑娘》的写作动机非常简单，在我完全忘记之前，记录我最初接触暴力和色情时的感觉。

　　十七八岁的男孩，斜背一个军挎，里面一叶菜刀。腰间挺挺的，中横一管阳物。一样的利器，捅进男人和女人的身体，是不一样的血红。

　　那时候，杂花生树，群莺乱飞。激素分泌正旺，脑子里又没有多少条条框框，上天下地，和飞禽走兽最接近。但是，这些灵动很快就被所谓的社会用大板砖拍了下去。双目圆睁，花枝招展，眼见着转瞬就败了。有了所谓社会经验的我，有一天跑到南京玩，偶然读到朱元璋写莫愁湖胜棋楼的对子："世事如棋，一着争来千古业。柔情似水，几时流尽六朝春。"当下如五雷轰顶：我操，又被这帮老少王八蛋们给骗了，朱元璋的对子白话直译就是：控制好激素水平，小心安命,埋首任事,老老实实打架泡妞。朱元璋是混出名头的小流氓,聚众滋事,娶丑老婆,残杀兄弟,利用宗教,招招上路而且经验丰富,他的话应该多少有些道理。

那时候,在北京晃荡,最常见的一个汉字就是"拆"。刷在墙上,多数出自工头的手笔,白颜色的,平头平脑,字的周围有时候还有个圈、打个叉。"拆"不是"破","拆"比"破"复杂些,不能简单地一刀捅进去,需要仔细。本来想抓来做书名,反映当时的活动和心情。但是书商嫌名字太平,而且也被一些现代艺术家反复使用。既不抓眼,又不原创,于是算了。

那时候,听崔健的歌,看他一身行头,像动不动就号称帮我打架的大哥。记得他有一句歌词,说有了一个机会,可以显示力量,"试一试第一次办事,就像你十八岁的时候,给你一个姑娘。"我感觉,改改,是个好的小说题目,决定拿过来用用。

《欢喜》代序：差一点成了忧伤的仲永

　　我写《十八岁给我一个姑娘》的初衷是，在我完全忘记之前，记录我最初接触暴力和色情时的感觉。但是，当我写到三分之一的时候，我发现，已经写晚了。尽管我有小时候的八本日记，有二十三岁的时候写的一个两万字中篇小说，但是，我想那个姑娘的时候，心跳再也到不了每分钟一百二十次，手指再也不微微颤抖。王朔写《动物凶猛》的时候，也反复在正文里怀疑并否定自己记忆和叙述的真实性，以致息淹雄心，把一个长篇的好素材弄成个中篇，硬生生结了尾巴。

　　我想到的补救办法是，全篇引入成年后回望少年时代的视角：书中的少年人偷窥当时周围的世界，写书的中年男子二十几年后偷窥书中的少年。姜文拍摄《阳光灿烂的日子》，在结尾用了一点点这样的处理：加长卡迪拉克转上建国门立交桥，长大了的混混们喝着人头马XO，看见儿时的傻子骑着棍子走过，傻子对他们的评价依旧：傻逼。

　　《十八岁给我一个姑娘》初稿完成，我换了工作，换了城市。原来在北京的房子大，四壁都是书架。香港的房子比我原来的厕所大点有限，睡了人就不能再放书。我把所有的书装了四十四个大纸箱，四吨多，堆到大哥家某间十几平米的空房。

"地板禁得住吗？"我问。

"没问题。塌了也砸死楼下的。"我哥说。

我大哥赋闲在家，我说，别无聊，你每年打开一个书箱，全部读了。四十四箱书读完，你就成为了一个幸福的人，一个脱离了低级趣味的人，一个快要告别人世的人。

在书籍装箱的过程中，我找到自己一堆手稿，搞不清楚是过去的情书还是无病呻吟的文字，反正都没兴趣，飞快收拾起来，免得老婆看见生事儿。有过教训：我一个学计算机的朋友，被老婆发现他大学时代写给其他姑娘的情诗，勒令三天之内写出十首新情诗献给老婆，要比舒婷写得好，诗里还不能有"0"或"1"。

修改《十八岁给我一个姑娘》的时候，我明白，这是我最后一个机会谈论这个主题，忽然想起那些手稿，想找出来看看有哪些素材可以废物利用。于是，二〇〇四年三月，在我满三十三周岁之前，我发现了一部我十七岁时候写的长篇小说：蓝黑钢笔水写满的三百二十七页浅绿色稿纸，封存在一个巨大的牛皮纸袋子里，竟然是个结构和故事极其完整的长篇小说，不可割断，不可截取，《十八岁给我一个姑娘》几乎一点也用不上。

奇怪的是，十六年之后，我对这本长篇小说的记忆几乎丧失，什么时候写的？为什么写？当时的情景如何？那个女主角叫什么名字？为什么全部忘记了？我无法回答，甚至那些蓝黑钢笔水的字迹和我现在的字体都有了本质的差别，要不是小说结尾清晰写着一九八九年九月，要不是手稿沉甸甸攥在我手里，我不敢相信这个东西是我的。我心虚地举目四望，周围鬼影憧憧，我看见我的真魂从我的脚趾慢慢飘散,离开我的身体,门外一声猫叫。

我托人将手稿带给出版家熊灿,他说找人录入。他是个有明显窥阴癖倾向的人,在录入之前就偷偷看了手稿。打来电话:"你丫小的时候,写的小说很有意思。有种怪怪的味道,说不出来。"

"我打算友情出让给我的小外甥王雨农,让他用这本书和他七岁的傲人年纪,灭了韩寒和郭敬明,灭了王蒙的《青春万岁》。"

"不好。浪费了。要你自己用。简直就是《阳光灿烂的日子》的阴柔纯情版哦。"

"你觉得比《十八岁给我一个姑娘》还好?"

"比《十八岁给我一个姑娘》真实哦,简直就是活化石,恐龙蛋,有标本价值。你现在和王朔当年一样,记忆都有了变形。嘿,总之,比《十八岁给我一个姑娘》强。"

"你是说我这之后的十六年白活了,功夫白练了。日你全家。"

"你的孤本在我手上哦,语言要检点哦。毁了之后,没有任何人能再写出来哦。"

"北京是个有所有可能的地方,我的手稿少了一页,就找人剁掉你一个指头,少了十页,就剁掉十个指头,少了十一页,就剁掉你的小鸡鸡。"

择了个吉日,我重新校对了一遍。我不相信熊灿的判断,我自己的判断是,优点和不足同样明显。小说语言清新,技巧圆熟,人物和故事完整,比我现在的东西更像传统意义上的小说。对少年的描写,细腻嚣张,是我在其他地方从来没有见过的,我现在肯定写不出,但是,思想和情感时常幼稚可笑,如果拿出来,必然被满街的男女流氓所伤害。

我有过多次冲动,想动手修改这篇少年时的作品,按照现在的理解,掩饰不足,彰显优点。但是每次尝试都以失败告终,稍稍动手就觉得不对劲儿。思量再三,决定放弃修改,仿佛拿到一块商周古玉,再伤再残,也绝不动碾玉砣子,防止不伦不类。等到我奠定了在街面上的混混地位或是四十多岁心脏病发作辞世,再拿出来,一定强过王小波的《绿毛水怪》和《黑铁时代》。随手给这个长篇起了个名字,叫做《欢喜》。也只有那个年代和年纪,有真正的欢喜。

最后,打电话给大哥,开箱翻书的时候一定留神,要是再发现整本的手稿一定要告诉我。没准在那四十四个大箱子里,还隐藏着我少年时代写成的另外三四个长篇小说。幸亏这些小说当时没有在街面上流行,否则作者现在就是另外一个忧伤的仲永。

换个裤头换个城市

我原来以为，换个工作，换个城市，就像换个裤头那样简单。

当时一个人从北京去美国，四六不懂，也就是简单托运两个巨大的箱子，随身书包里几十张盗版光盘，贴肉钱包里几张薄薄的百元绿色美钞，我首都机场里抱了一下面目如春花身体如高粱饴的女友，向老妈老爸挥了一下手，在飞机上曲折婉约地睡了一觉儿，就到美帝国主义的地方了：多数人讲英文，花草整齐，地上没痰和烟头，咖啡和可乐都散发着资本主义的味道。

所以想象从中国的北京转到中国的香港，我想应该像换个裤头那么简单：旧的脱下来，扔进洗衣机，新的从衣柜里拿出来，踹两下腿套上身体。

但是，离开北京就是第一桶麻烦。

虽然人实际上受雇于外企，但是名义和手续上我的单位是外企服务公司。外企辞职，签署各种保密协议和非竞争协议，交还机要文件、钥匙、秘书、门卡、公司信用卡、手机、电脑之后，还要去外企服务公司。在外企服务公司，我要结算我的各种福利保险，住房基金，具体金额的算法比对冲基金的高级操作还复杂，基本上它给我一个卡，给我多少我就拿多少，密码还不告诉你，还发给我一个存折，和这个卡不是一个银行的，这个卡和这个存折什么关系，一层楼的人也没能跟我说明白。还有，我的档案要存在北京市人才（公司？不知道），交几百块，别问为什么。我也可以存别处，但是别处没有在外企公司现场办公，至于别处是哪些去处，在什么地方，什么价钱，北京市人才派出的现场办公人员不知道。还有，我的户口要自己存街道，我的医疗卡和缴费记录要自己留着。

  然后是处理身外之物。先是房子，房子先要租出去，靠着我的极简主义的装修风格，我租给了一个英国大使馆做文化艺术项目的半大老头。项目做四年，房子就租四年。那个装修是京城室内设计大师孔大的作品，孔大的特点是才气大，手巧，有急智，热爱妇女，人住澡堂，手机不在服务区。本来房子是北欧风格的，有个真正的壁炉，大理石的，什么"蓝钻"和"黑金沙"，壁炉前睡一条懒狗。后来孔大说，时间不够了，"改现代日式吧。日本其实最好地继承了汉唐风骨，而且日本人咸湿。"后来孔大说，时间不够了，"改极简主义吧，最省钱的就是最好的，少就是多，少就是好。"就像相声里说的，画个扇面，美女换成张飞，张飞变成大树，最后只能扇面涂黑写两个金字完事儿。后来，房子租给英国人之后，孔大说："欧洲人，艺术眼光最好。"我要搬出去，光书就装了四十四箱。不可能搬到香港，香港一个岛的书都没这么多，这些书进了我香港的房子，我只有踮着脚尖坐在厕所里睡觉了。实在没人可欺负了，还有父母，书堆进老妈原来的卧室，箱子摞了三层。老妈在美国叫嚷，楼板要塌的，我说，我问过孔大，民用楼板设计强度是一平方米一百五十公斤，实际负载量可达三百公斤，我的书平均下来，也就是一平方米一百三十多公斤。老妈继续在美国叫嚷，楼板要塌的，楼下住着的老蔡是个好人。我说，您放心吧，我堆上书之后，还在楼板上跳了好些下，没塌，还到蔡伯伯家去了一次，相应天花板上也没看到裂缝。再从美国打电话来，是姐姐，说老妈做梦把书箱子从一个屋子挪一些到其他屋子，累惨了，心脏病犯了。除了房子，还有宽带网，我跟英国大使馆的半大老头说，还是留着吧，北京也没有《阁楼》卖，你老婆也不在，他说，是啊是啊。还有手机，申请了一个语音信箱，中英文各录一遍，大意说，我到南方去了，有话就撂下，反复听了好几遍录音，才勉强接受，电话里那个公鸭嗓的男声是我自己的。

然后是处理身外之羁绊。颐和园的西堤和故宫后屁股上的筒子河，我带不走，但是要使尽全身力气，恶狠狠地看一眼，闻一鼻子，能摸的地方慢慢摸两把：一棵是桑树，另一棵也是桑树。古玩城带不走，但是坏蛋仗义行侠的玉商小崔劝慰我，香港有个荷里活道，道上也有坏蛋玉商，如果我眼力比他们毒辣，这些坏蛋玉商偶尔也被迫仗义行侠，"还有，还有，记住，别买传世的，一定只要大开门的生坑货。"小崔说。酒肉朋友带不走，我在一周的时间里，每天赶三个局，基本都见过了，至少能抵三四个月，不去念想。康宁按摩院的独眼龙老白带不走，我连着做了三个钟，肉体开始恢复弹性变得如同高粱饴，"别急，我决定下月开始到旁边的朝阳中学学习游泳，听说从珠江口游水过香港并不遥远，听说香港最便宜的按摩一个钟也要一百三十八元港币。"独眼龙老白说。三联书店带不走，又买了十几本，行李装不下，继续堆到摞了三层的书箱上，反正楼板下的老蔡总是有危险，反正老妈认定楼板要塌，定了机票，调整书箱，救老蔡。

然后还有到香港的第二桶麻烦：旅行手续，工作手续，房子，手机号码及通知所有同志，银行户头，宽带登记，书店，技术好的盲人按摩院，各种银行卡飞行里程卡的联系办法更新。

工作需要，间或要去蛇口，然后便有第三桶麻烦：旅行手续，工作手续，房子，手机号码及通知所有同志，银行户头，宽带登记，书店，技术好的盲人按摩院，各种银行卡飞行里程卡的联系办法更新。不期望蛇口会比香港少多少麻烦。同叫中国移动和建设银行，北京分公司和广东分公司几乎是两个公司。我不抱任何希望。

所以，如果不考虑思念，纠缠，反复，以及双方亲友团，简直比换个老婆还麻烦。其实，我和老婆有各自的身份证，护照，手机，分开的户头和房子，技术好的盲人按摩院可以共用。过来人孔大说，其实，现在实行新的离婚法了，手续可简单了，将来就更方便了：有个机器像是自动取款机，两个人用结婚证一刷，自动离婚机的玻璃罩子就打开了，屏幕上说，你要离婚吗？两个人同时按Y，再分别按个手印确定，自动离婚机里伸出一把剪刀，把结婚证剪了，然后伸出一只小手，一人一个巴掌扇出来，然后就结束了。

社会主义市场经济了，WTO了，奥运会就要来了。日子好，即使不能长生不老，总还是希望能延年益寿。两种办法能够延长生命。第一，活得长些。如果活到一百六十岁，相比常人，你就活了两辈子。第二，多些变化。每天换个裤头，每周换个计算机桌面和MSN显示名称，每月换个网名和电邮地址，每两三年换个城市，相比常人，你多活好几辈子。

我想，尽管麻烦，第二种还是比第一种容易些。

人活不过手上那块玉

对于肉体凡心的俗人，最大最狂妄的理想，是对抗时间，是不朽。

千百年后，肉体腐烂，凡心消亡，而某些俗人的事功文学，仍然在后代俗人的凡心里流转，让这些凡心痛如刀绞，影响他们的肉体，让这些肉体激素澎湃。在这样的理想面前，现世的名利变得虚妄：挣一亿美金？千年后，谁会记得股神巴菲特？干到正部级？现在，有几个人记得御准柳永浅吟低唱杨柳岸晓风残月的是宋朝哪位皇上？

对抗空间没有那么困难，赶巧了，在白宫里抱住克林顿的腰，在雅典抱住马拉松高手的腰，一夜间能名满天下。对抗时间，实现不朽，不能靠养育后代。生个儿子，仿佛撒一把盐到大海，你知道哪一瓢咸味儿是你的基因？

中国古人总结的对抗时间的路数是：立德立功立言。

其实，立德和立功立言不是一个层面的问题。往严肃了说，立德是后两者的前提，德不立，事功文学都无以立。往实际了说，立德是扯淡，横看成岭侧成峰，什么是德？往开了说，都不容易。立功难啊，天下太平了，像样一点的理工科大学都能捣鼓出原子弹，如果生在今天，成吉思汗最多替蒙古国从高丽人手上抢得一块射箭金牌和一块摔跤金牌，曾国藩没了"拜上帝教"闹太平天国，最多做一两届国务委员。立言难啊，几千年文字史，多少人精疯子偏执狂自大狂写了多少文字，要写出新的意思或是新的角度而不是直接或是间接抄袭，基本上是妄想。立德尽管虚，长期坐怀不乱，慎独，四下没人，拉了窗帘也不自摸，基本上是不可能。上中学的时候，看到史书上说，董仲舒牛，安心读书，三年不窥园。心想，这有什么难啊，街上除了北冰洋汽水和双色冰激凌之外，没有其他吸引力了。等到上班挣钱，俗心开窍，如果两个星期没有饭局，心里就会打鼓，是不是已经失去了和社会以及人类的亲密联系？

不朽有诱惑，立德立功立言有难度，所以，潜意识驱动人们热爱收藏。

老的东西，流到今天，相对于时间，相对于向不朽的卑微的努力，才是对的东西。

一块商晚期的鸟形珮在我的肉手上，青黄玉，灰白沁，满工双阴线刻殷人祖先神玄鸟，鸟头上站立一小龙，龙爪子抓住鸟头，鸟和龙都是象征太阳的"臣"字眼。我想，当时的人，怎么想到，这个神玄鸟要这样雕刻，鸟喙要这样扭，屁股要这样挺立，如果这位大师雕刻文字，会如何安排？我想，多少双肉手摸过它啊，这些肉手都已经成了灰烬，即使我现在摸着它的肉手有一天也成了灰烬，是多么的正常啊。我想，一亿美金和正部级有什么啊？这只神玄鸟睬都不睬。人斗不过物，有机物斗不过无机物，从某种意义上讲，基督耶稣斗不过十字架，佛祖斗不过北魏造像，毛泽东斗不过毛主席像章，凡人要靠物品来理解和实现永垂不朽，万寿无疆。

只要能辅助人们认识时间，消除恐惧，隐隐地通向不朽，什么都可以收藏，从书画青铜，玉器杂项，到桌椅板凳。

  过分的是我一个同学，迷恋头发，说女人如植物，头发就是植物的花。像《金鸡2》里那个疯子，收集过去情人的头发，藏进信封里，舌头沾了胶水封上。我说，你是学医的，应该知道，这是胡闹，头发离开姑娘，没了滋润，即使原来再漂亮，三天后也就同摘下来三周的玫瑰一样枯萎。

  正确的收藏方法是，用尽全身力气，狠狠看一眼，轻轻摸一下，眼耳鼻口身意，脑子永远记住所有细节：黑亮，簌簌作响，香淡，酸甜，滑涩，邪念盘旋升起。我同学说，我不是流氓，我不变态，我记性不好，再说，咱们学植物的时候，不是也采集植物，制成干标本吗？我说，把老师的教导全忘光了，植物六大组成部分，根茎叶花果实种子，一个好标本最好能六个部分都有，至少有三个组成部分，否则就是菜市场里的菜或是花卉市场里的切花，没有学术价值。姑娘除了头发，至少有其他组成部分，眼睛鼻子脸颊口唇肩膀乳房腰胯大腿双手，你能切下来收集几部分？纯属胡闹。

  还是玉好，不朽不烂，不言不语，摸上去永远是光滑如十八岁姑娘的头发和皮肤，陪完你一生，才想起去陪别人。

十年一觉

微软杀进游戏市场的早期，有个广告，我印象深刻。一个男孩儿炮弹似的被老娘从阴道里弹射出来，抛物线上升，下降，一分钟后掉进坟墓，这一路上他变换装束，这一路上他鸡鸡由小到大再到无。最后一句总结：人生苦短，耍吧（Life is short. Play more）。

人类从繁盛至今，经历了六个时代：石器时代、玉器时代、铜器时代、铁器时代、火器时代、电脑时代。我们这拨儿人见证了电脑时代的到来，眼瞅着这个怪胎如何一寸寸长成怪物。像我外甥这样被电脑化仪器接生出来的一代，平均一周和人类说七八句话，一天在电脑前七八个小时，最崇拜Pokémon。估计到他下一代，小男孩儿出生的时候，做包皮环切，顺带在两球之间安装无线网卡，802.11Z，1Gbps，全球漫游，人和人之间不用再说一句话。

我第一次碰电脑，需要排队。队比瞻仰毛主席纪念堂的队还长，轮到了，一个人碰十分钟。需要脱鞋。男生脱，女生也脱，班花也脱。四月份，倒春寒，班花没穿袜子，露出鲜红的指甲，比她嘴唇还红。

我第一个迷恋的游戏叫《沙丘》，即时战略。才7大小，三方势力，共二十七关，断断续续，三周通关。那时候，我正在人生的拧巴期，正谈大恋爱，总恨祖国形势一片大好，北京凄风苦雨的时候太少。我爱杜牧，她爱杜丘。我爱孔丘，她爱篮球。我爱司马迁，她爱唐国强。为了加强共同基础，我带她到我家，给她看电脑里的《沙丘》，她挽着袖子，说，暑假要结束了，这个好玩，给我留着，将来一起打。

后来，和她就没了后来。后来，我一直等《沙丘》出续集。后来，听说做《沙丘》的团队去了西木（Westwood），一九九五年，出了《命令与征服》（Command & Conquer）。在北京买到盗版光盘之后，黑夜和白天没了界限，宿舍里一台老奔腾电脑，我们歇人不歇机器，一周通关。一个月回味，根据游戏设计漏洞创造各种流氓玩法，比如把炮台建到敌人家门口。一年在宿舍里联网打，用一个伪Modem线连接两个破电脑，真人一对一，军旗被夺的下去，换别人。

后来，那个总能把我军旗夺走的人，娶走了我们的班花。后来，听说西木被电子艺界（Electronic Arts）买了，又出了《命令与征服2》。后来，在受虐心理支配下，我开始干上每周七八十个小时的工作，我的右肩彻底完蛋了，用一个小时鼠标，就会剧痛，什么时候转动，什么时候嘎吱嘎吱响。我玩不动了。

后来，十年之后，我外甥第一次去机场接我，第一次主动开口和我说话，而且一连说了三句："小舅，你好。小舅，明天我十岁生日。小舅，你给我买个Wii吧。"在Best Buy买Wii的时候，我转头看到，游戏架子上摆着《命令与征服，第一个十年》（C&C, 1st decade），双DVD，一共十二个游戏，全部安装一共10G。

我买了两套，绝对正版，一套留给自己，和古龙全集一起，等自己退休，混吃等死的时候用。那个总能把我军旗夺走的人，已经和班花不在一起了。另一套送他。我还记得一九九五年《命令与征服》盗版光盘上的说法：两张CD，一张给你自己，一张给你最爱的敌人（One for you, one for your favorite enemy）。

白日飞升

没作过调查，但是我想，在大陆，按摩这个伟大的人类独有的活动，是个相对新生的事物。应该是在二十世纪八十年代末、九十年代初，从资本主义制度的香港传到改革开放的深圳，再由深圳在二十世纪九十年代末到二十一世纪初传到沿海，直到现在全国皆摸。

至少我小时候没有按摩，那时候基本没有这个必要。个人认为，正规按摩的兴旺有两个前提：第一，作为人类社会最大怪物的个人电脑的产生和普及；第二，城市化、市场化之后急剧增加的个人压力。整个动物界和植物界，只有人类在有了电脑之后，才长时间地端着肩膀、弓着腰、扭着脖子坐在一个平板前，两个前爪狂敲。人的心理压力通常也会通过自己肌肉和自己肌肉较劲儿的形式，在暗中慢慢对筋肉造成伤害。按摩历史相对较短的一个佐证就是，出版家张立宪非常真诚地认为，异性按摩就是你交完钱之后去摸异性。这一方面说明他心里饮食男女，从另一方面讲，他非阳具的肉身那时候没有被拿捏的饥渴。另一个佐证是我老爸。他不会电脑，操作了一辈子数控机床。我死活拉他去按摩，按摩师手重的时候，我老爸就问"你干吗打我啊"，手法放缓和，我老爸就喊"你不要挠我痒痒肉"。电脑普及之前,城市化、市场化之前,唯一有按摩需要的古人估计是禅师。他们长期在一面墙之前打坐,筋肉钙化严重,所以死后火化,好多舍利子。

我第一次按摩比初夜晚十年。高中三年,十点熄灯之后点蜡烛看英文小说,毁掉了我祖传的好眼睛。咨询一周八十个小时的工作,毁了我祖传的一整条好脊椎,颈椎痛、胸椎痛、腰椎痛、骶椎痛、尾椎痛,脊椎两边全是疙疙瘩瘩的肌肉劳损和肌肉钙化,像是两串铁蚕豆。干了两年之后,任何时候按上去,都是硬痛酸胀。我和不太熟悉的人吃饭,都要提前声明,我肩背不好,吃饭的时候,间或自己摸自己的上述部位,不是有精神疾患的表现,别怕。终于有人忍不住,带我去按摩。那是个美好的夜晚,比初夜美好多了。初夜的时候,仿佛一个人拎着一根打狗棒子,站在一个陌生的花园里,也不知道有没有狗,也不知道狗什么时候来,也不知道狗来了之后要不要打,左右上下前后看看,想想天上的星星、街上的居委会大妈、为中华之崛起而读书,很快人就糊涂了。第一次给我按摩的那个按摩师是个美丽的小伙子,有气力,认穴准,一双大肉手,一个大拇指就比我一个屁股大。我一米八的个头,在他巨大的肉手下,飞快融化,像胶泥,像水晶软糖,像钢水一样流淌,迅速退回一点八厘米长短的胚胎状态,蜷缩着,安静着,耳朵一样娇小玲珑。我出门的时候,每个关节囊都被拉长,脚底下多了一片莲花状五色云彩,身子轻了二十斤。我拽着绿化带的杂树,生怕自己白日飞升。

但是从那以后,按摩效果越来越差,身体需要按摩的力度和频率越来越大,不知道是我的肩背越来越差还是人对美好事物的适应能力和对苦难的忍受能力一样巨大。我现在在想,是买个按摩椅还是整个小孩子出来,胖乎乎的,七个月能坐,八个月能爬,几十斤的嫩肉在我背上动来动去。

距离

世间存在距离。

距离有许多种：月亮与地球之间，是空间上的距离。也站在河边，也说"逝者如斯夫"，你和孔丘之间，是时间上的距离。白发如新，倾盖如故，熟悉的地方没有风景，身边的姑娘不懂爱情，人与物与我之间，是心理上的距离。

空间上和时间上的距离，可统归为物理上的距离。物理上的距离需要超越。在超越的过程中愉悦心智，在超越的尽头脱凡入圣。

物理学贵在以近知远，以易知难知，以可知知不可知，超越距离。阿基米德洗澡的时候发现了浮力定律，想出了鉴定金冠真伪的方法，于是欢呼雀跃，裸奔于雅典街头。伽利略在比萨斜塔上扔了两个大小不等的铁球，人和神之间的距离在瞬间消失，他险些被教会做成意大利式烧烤。

而心理上的距离需要保持。在保持的过程中愉悦心智，在生命的尽头脱凡入圣。爱情和感情是不完全一样的。梦归梦，尘归尘，土归土，情人是要梦的，老婆是要守的。黄脸婆永远是黄脸婆，梦中情人淡罗衫子淡罗裙，总在灯火阑珊处。可是走近些，挑灯细看，灯火阑

185

珊处的梦中情人也不过是另一个黄脸婆。

但丁足够聪明，暗恋Beatrice四十年，得《神曲》三篇。他从不敢让他的暗恋接受日常生活的洗礼，所以他的暗恋精细而悠长。试想但丁如果和他的暗恋结合，一个星期之后，他不会觉得Beatrice比一盘新出炉的比萨饼更诱人。

司马相如不是不够聪明，而是卓文君太好，他无法把持。文君解风情，听得出相如撩人的琴心。文君有勇气，千金家身一笑抛之，随相如私奔天涯。文君充满世俗智慧，开个小酒馆恶心娘家人，从而过上小康生活。可到头来，有好妇如文君，相如还是要逃。逃出来，便是生前身后名。

所以不要小看这段距离。它或许只是一堵墙，一个严厉的家长，一个存款的差额，或一个固有的观念。但是在这段距离里可以种植相思，可以收获汉赋唐诗宋词元曲明清小说。

所以要学会知足。春有百花秋有月，夏有凉风冬有雪，每段时光都是最好的时光。环肥燕瘦，胸大的茁壮，胸小的跌宕，每个女人都是最美的美人。

但是，世间又有几个敏而好学的人？

焦裕禄

香港，中环，人、人、人。人上了发条，西装领带，四足着地，装上轮子，时速四十公里。上海，淮海路交黄陂南路十字路口，人、人、人。红灯将熄，绿灯初上，交通协管员张开双臂、吹哨、挥旗、瞪眼，把守四角人流，人流里都是要奔向小康大康的斗牛。阳朔，西街，人、人、人。几百米街道，几千个奸商，几万个游客，几十万个另类民族工艺品。北京，大北窑，人、人、人。喉咙里起痰，想，是溶化在嘴里吞下去还是找块最脏的地砖吐上去，鼻孔里有凝胶，挖，同时四处张望，看看谁会注意到，到处刨地，到处"办证"，到处堵车，的士老哥哥一口痰高吐在周杰伦的手机广告上，一阳指鼻屎凝胶低弹到路面上，嘟囔，真他妈的堵，下辈子，我开飞机去。

人人都是焦裕禄，焦急、郁闷、忙碌。

焦急。生逢盛世，满清康雍乾盛世，中国比现在的美国还美国，GDP占全世界的百分之三十。我朝也在崛起啊，过去三十年，GDP复合增长接近百分之十，再过十年超日本，再过二十年超美国。我们能不能再快一点啊？企业兴旺，隔壁原来给领导开车的邻居，现在造的车都卖到非洲去了，每年百分之四十的增长，再过几年产值过千亿,全球五百强。我们能不能再快一点啊?周围有二奶的了,有四婚的了,有五子的了,有身家十几个亿的了,有进"二百万元作家俱乐部"的了,有得三种癌的了。我们能不能快点啊?

郁闷。为什么美国有那么多自然资源和先进武器呢?一小撮聪明人设计出来的制度领导两亿多天真群众怎么就能基本和谐呢?法国人怎么就那么有创意呢?德国人怎么就那么会造工具呢?日本人怎么就那么守秩序爱干净呢?我有生之年见得到大国崛起吗?低成本扩张不太灵了,要买的目标公司和要招的技术工人都贵了,二氧化碳指标都要买了,在世界范围内单品种市场份额都百分之六十了,再到哪儿发展啊?二奶有了二爷,每次离婚都净身出户,五个孩子吃喝嫖赌抽各有专长,表面上身家最高的开始雇保镖了,私底下身家最高的在浦东机场被扣下了,老妈说她也要学英文学上网学用WORD写回忆录走进新时代,十年过去了卵巢癌五年生存率还是没有一点提高。

忙碌。一个拉杆箱,半箱内裤衬衣,半箱充电器。Wi-Fi、手机、黑莓,看不见的线牵着忙忙碌碌的人。一周干八十个小时。不是四十个小时加上四十个小时的概念,而是人通常跳一米高、现在让人跳两米高的概念。检点过去三周,一半的饭和大便是在飞机上解决的,一半的电子邮件是在车里回的,一半的小便是一手拿手机一手按枪杆子完成的。"只有享不起的福,没有受不了的罪",实在困了,游泳半个小时比睡三个小时解乏。六十八个小时不睡之后,我第一次发现,和喝了八瓶啤酒一样high,刮胡子的时候,我第一次发现,一根白色的鼻毛髭出来。

我有机缘见过号称是真迹的《清明上河图》,纵二十四点八厘米,横五百二十八厘米,画的是大约一千年前大城汴京极盛时的一个夏天,专家说,共画了人物六百八十四人,树木一百七十四株,房屋一百二十二间，牲畜九十六头，船二十五艘，车十五辆，轿八顶。其实，张择端画了六百八十五个人。这个多余的人隐在画面的角落里，一裤衩，一背心，一蒲扇，一眼镜，阳具很短，记忆很长，手藏在裤兜里，向着这纵二十四点八厘米、横五百二十八厘米框起来的面积，竖起中指。

茶与酒

茶是一种生活。

在含阴笼雾的日子里,有一间干净的小屋,小屋里有扇稍大些的窗子,窗子里有不大聒噪的风景,便可以谈茶。

茶要得不多:壁龛里按季节插的花只是一朵,不是一束。只是含苞未吐的一朵,不是瓣舞香烈的一束。只是纯白的一朵,不是色闹彩喧的一束。茶要得不浓:备茶的女人素面青衣,长长的头发用同样青色的布带低低地系了,宽宽地覆了一肩,眉宇间的浅笑淡怨如阴天如雾气如茶盏里盘旋而上的清烟如吹入窗来的带地气的风如门外欲侵阶入室的苍苔。茶要得不乱:听一个老茶工讲,最好的茶叶要在含阴笼雾的天气里,由未解人事的女孩子光了脚上茶山上去采。采的时候不用手,要用口。不能用牙,要用唇去含下茶树上刚吐出的嫩芽。茶要得不烦:茶本含碱,本可以清污去垢,而在这样的小屋里饮这样一杯茶,人会明白什么叫清乐忘忧,会明白有种溶剂可以溶解心情,可以消化生活。

只要茶的神在,也不一定要这么多形式。

比如心里有件大些的事,一通电话,便会有三两个平日里也不甚走动的朋友把小屋填满,一杯茶后,我们便是饱食终日,无所用心,所以来谈谈棋的神仙,屋顶上的天空或是屋门外的世间便是我们着子的棋盘。待茶渐无味,天渐泛白,心里的事情便已被分析得透彻,一个近乎完美的计划便已成型。走出屋子,这盘棋一定会下得很精彩。

再比如,心里实在不自在,七个号码接通那个女孩:"心里烦,来喝杯茶,聊聊好吗?"如果人是长在时间里的树,如果认识的朋友经过的事是树上的叶子,她和我之间有过的点点滴滴的小事,说过的云飞雪落不经意却记得的话便是茶。这个时候,你我之间不属于尴尬的沉默便是泡茶的水了。话不会很多,声调也不会很高,我可以慢慢地谈我所体会到的一切精致包括对她的相思,而不会被她笑成虚伪。

这茶也可以一个人喝。"寒夜兀坐,幽人首务",自古以来,一个人喝茶是做个好学生的基本功。一杯泛青的茶一卷发黄的史书,便可以品出志士的介然守节,奸尤的骄恣奢僭,便可以体会秦风汉骨,魏晋风流。不用如孔丘临川,看着茶杯中水波不兴,你也可以感知时光流转,也可以慨叹:"逝者如斯夫!"

酒是另一种生活。

阳光亮丽,天气好得让人想唱想跳想和小姑娘打情骂俏想跟老大妈们打架骂街。小酒馆不用很堂皇,甚至不用很干净,但是老板娘一定要漂亮一定要解风情,至少在饱暖之后能让你想起些什么。"垆边人似月,皓腕凝霜雪",发髻要绾得一丝不乱梳得油光水滑,衣服要穿得不松不紧,至少在合适的角度可以看见些山水。菜的量很足,酒的劲很大,窗外的人很吵,偶尔闪过的花裙倩影可以为之尽一大杯。人很多,店很乱,如果喝多了吐出些什么没人会厌恶,如果用指甲清清牙缝或是很响地打打饱嗝没人会在意。

这样的时候,最好有朋友,可以一起大块吃肉大碗喝酒,憧憬着将来可以一起大块分金分骗来的小姑娘。高渐离是酒保，樊哙是屠夫，刘邦是小官吏，刘备是小业主，朱元璋是野庙里的花和尚，努尔哈赤是林子里的残匪头目。杯中无日月，壶中有乾坤，我们可以煮酒论英雄，说"儿须成名酒须醉"。看着窗外的俗汉，想起自己的老板，想起小报里的名流，"唉，世无英雄，方使竖子成名！"看着窗外的丑妇，说起办公室满脸旧社会的女孩，说起黄色边缘上的杂志封面，"唉，世无美人，方使竖子得宠！"

这样的时候，也可以和自己的老婆喝。有些女人是天生的政治家，有些女人是天生的酒鬼，只是这两种才能很少有机会在这个男人统治的世界里表现。酒能让女人更美，能让她颊上的桃红更浓。酒能让女人更动人，能让她忘记假装害羞，可以听你讲能让和尚对着观音念不了经的黄故事，而不觉得你如何下流。这样的时候，也不妨一个人干三大杯，唱"把酒当歌，人生几何"，拣几个自己赔得起的杯子摔摔。

茶是一种生活，酒是一种生活。都是生活，即使相差再远，也有相通的地方。

酒是火做的水，茶是土做的水。

觥筹之后，人散夜阑灯尽羹残，土克火，酒病酒伤可以用杯清茶来治。茶喝多了，君子之间淡如水，可以在酒里体会一下小人之间的温暖以及市井里不精致却扎实亲切的活法。酒要喝陈，只能和你喝一两回的男人是不能以性命相托的酒肉朋友。只能和你睡一两回的女人是婊子。茶要喝新，人不该太清醒，过去的事情就让它过去，不必反复咀嚼。酒高了，可以有难得的放纵，可以上天摘星，下海揽月。茶深了，可以有泪在脸上静静地流，可以享受一种情感叫孤独。

不是冤家不聚头，说不尽的茶与酒。在这似茶般有味无味的日月中，只愿你我间或有酒得进。

人生的战略规划

我痛恨做人生的战略规划，我不想盘算我将来的岁月。

生命妈的太短了，比小鸡鸡还短。在街上瞧见过几十个好看姑娘，摸过几只柔软的手，看过二十来届世界杯和奥运会，开坏三四辆车，睡塌一两张床，喝掉六千瓶啤酒和五百瓶五粮液，用光一千多管牙膏和一千卷手纸，挣几百万再花掉几百万，你我就此无疾而终，尘归尘，土归土，乌龟王八鳖。我要是装置艺术家或是行为艺术家，我就把一间小房子搭进美术馆，放满一千多管牙膏和一千卷手纸，题目叫做：人生的战略规划。用尽这些牙膏，就没牙可刷了，用尽这些手纸，就没屁股可擦了。在东三环华威桥古玩城的大厅里，我举头四望，大大小小的古董都是我的前辈，在我之前，有上百双手摸过它们，在我之后，还有上千双手排着队伍。如果所有时间是一大锅浓汤，我的生命就是一只苍蝇。

我天生就是做战略规划的，从小就在这方面不平凡。

我有三十本大大小小的记事本，从小学五年级一直记到现在，在保险柜里锁着，比存款更受重视。我回去看我初一的日记，吓着了。里面的一页，沿着时间轴，我画了三个平面，分别表示近期、中期和远期。接下去第一个项目是古代汉语，近期目标是读完王力的四册《古代汉语》，中期目标是读两通前四史和老庄孔孟，远期目标是通读三千卷二十四史。当时不谙世事，对时间没有概念，对外界吃喝玩乐的诱惑没有概念，远期目标定的是十年，心想，三四十分钟，一天一卷，轻松拿下。如今过了二十年，远期目标才完成了不到三分之一，完成了的三分之一也基本忘掉了九成。只有自己安慰自己，历史是有规律的，看了三分之一，也就知道了百分之八十的人生道理，忘记也是必然的，但是真才实学都在肚子里了，就像吃肉饮酒，排出屎尿，心中留下莲花和佛祖。三个平面指导下的第二个项目是班上气质最好的班花，当时认为气质好，其实就是皮肤白，班花脸如白玉，胳膊好像白萝卜。我的近期目标是从五组调到三组，这样就可以和坐在二组的班花靠在一排。中期目标是一年长高十五厘米，这样就有正当理由要求调到后排，有机会和高挑的班花坐同桌。远期目标是摸摸班花白萝卜一样的胳膊，至于摸过之后又如何，我能得到什么，班花将失去什么，做战略规划时还没有学过生理卫生，想不清晰。后来我成功地调到了第三小组，一年内身高长了十三点五厘米，也终于学习了《生理卫生》，但是那个摸白萝卜的长期目标一直就没有实现。

再后来我进了一个最著名的战略管理咨询公司，受到了最科班最严格的战略规划训练。

五轮面试，咨询公司考我的人都没看过我关于古代汉语和初中班花的规划，但是都通过不同的案例发现了我对于战略规划的潜质。玉要切割琢磨，数年以后，我练就的战略规划基本思路是：首先定下远景和使命，一个公司和一个人一样，要问，为什么存在。然后根据公司的竞争力和市场的吸引力，明确在近中长期，什么可为，什么不可为，即在何处竞争。最后确定如何竞争以及竞争后的财务回报。我清楚,如果套用这个思路,去规划我的二〇〇五年,我要先定我的远景和使命,比如要流芳多少辈子,要不要努力在文学史上放屁砸坑。然后是什么途径,比如要不要学着写写短篇和中篇小说,时常在大型文学杂志上露些山水,混个脸熟等等。

但是我拒绝这种规划,就像不愿意在我面前一字排开二〇〇五年将用光的十二卷手纸和十二管牙膏,或是在我面前一字排开二〇〇五年将见到的所有好看姑娘和或许能摸到的柔软的手。尽管我只是一只渺小的苍蝇,我要怀着对未知的敬畏和期待,飞进那锅浓汤,试着坏了它。

果珍

　　十五年前，我兼职当导游的时候，发现对于外国青少年来说，北京是一个非常无聊的城市：肮脏、凌乱、风沙、姑娘素面朝天、脾气暴烈，白天看庙，晚上睡觉。好在这些青少年并不重要。他们爸妈决定购买各种假冒伪劣工艺品，我和司机分享百分之三十至百分之六十的返点。一个不会说汉语的华裔少年长了厚实的胸肌和满脸蛋子的雀斑，仿佛一边脸贴了一个东来顺的芝麻烧饼，用英文问我，你知道酒店附近哪里有游戏机吗？我说，不知道，应该没有。他又问，你们有这么多庙，你信神吗？我说，不知道，应该不信。

　　我们在一个无宗教的环境中长大，从来不知道害怕。

　　我们有理想，这个理想是个简单的美景，将来，物质极大丰富，水龙头里流出来的是牛奶和啤酒，我的飞船就是你的飞船，你的宫殿就是我的宫殿，我的老婆就是你的老婆，你的老婆就是我的老婆。为了这个理想，一切都是可以牺牲的，一切个人都是远远小于集体的。

　　我问授课老师："如果到了那个时候，紫禁城还是只有一个，我们都想住，怎么办啊？"

　　"到了那个时候，物质极大丰富，紫禁城到处都是，你随时申请，随时发一座给你住。"

"如果到了那个时候，校花还是只有一个，我们都想和她好，而且不想别人和她好，怎么办啊？"

"到了那个时候，小伙子的思想觉悟都高了，高得你现在无法想象，你特别希望和你好的校花也和别人好。你随时申请，随时发校花的一个时间段给你。"

于是在我的心目中，那个简单美景的细节进一步丰富。那个美景里，每人一座紫禁城，每个校花每天都拖着沉重的双腿，非常疲惫。

我老妈说，除了这个遥远的全人类的理想，我还需要一个能在今生今世实现的个人理想。

我从来不看电视，我老妈反复逼我看一个关于"果珍"牌橘子香精糖精颗粒的广告。广告里一个寒冷的冬天，一个装修时髦的房子里，有车库，有客厅，有洗手间，家电齐全，温暖如春，一男孩儿，寸头、硕壮、傻笑。一男子，西裤、衬衫、开心。一女子，盘头、长裙、练达，端来三杯热气腾腾的"果珍"，男子和孩子都欢欣鼓舞。广告的最后指出，这种"果珍"是美国航天局指定饮料。我老妈说，生在社会主义初级阶段，这个广告描述的一切就应该是你现世的一切理想。

这个"果珍"实际上成了我们一代人的理想。诚心正意修齐治平，我们只有一条正路，上最好的中学，上最好的大学，不要选文科，不要搞摇滚、体育、美术，不要嫖赌抽，毕业之后进外企或者出国，积攒几年工资之后贷款买房娶妻生子，冬天的时候，一家人一起喝一杯热气腾腾的"果珍"。

中学毕业十五年之后，有好事者组饭局。赴局的男子，头都开始秃了、肚子都开始大了、说话都开始慢下来像个领导了。赴局的女子，面皮都开始锈了、屁股都开始塌了、脾气都开始好起来像个当妈的了。

我们都基本实现了"果珍"理想，我们纳闷这都是怎么一回事儿。一个从小说怪话、经常被语文老师呵斥罚站的男生幽幽地说："你们还记得《孔雀东南飞》里小官吏焦仲卿是怎么死的吗？"我们几乎同时想起当时的暗号，齐声回答，"都是他妈逼的。"

春宫遥遥

　　脑神经里，嗅神经排第一，最古老，在上帝玩弄生物的进化史上，很早就被他整出来了。嗅神经直通大脑负责性欲的区域，包含众多无法理喻的信息处理模式。两个人，如果人生观和世界观不同，还可以商量，求同存异，一起重读初中物理和《金刚经》，但是如果彼此忍受不了对方的味道，今生就注定没有缘分。

　　人类发明的事物中，语言最诡异，比火、车轮、指南针都重要。两三个字的组合，在特定时间特定地点，轻易地让你上天入地，比如胴体，比如春宫。

　　春宫总给我无限想象。春，惊蛰，初雨，榆叶梅开放，杨花柳絮满天，棉袄穿不住了，心里的小虫子在任督二脉蠕走。宫，飞檐，隐情，仙人骑鹤，紫禁城角楼，天上白玉京，五楼十二城，一千〇一夜，司马迁胯下没有了。

　　但是我的想象构不成图画，我成长在一个没有图画的年代。

　　初中之前，不是市场经济的社会主义，我唯一和情色有关的图像记忆来自厕所。我们小学有个手脚笨拙的精瘦女生掉进了厕所，连惊带臭，发高烧，转肺炎，差点死掉。厕所改建，有了马桶，双手获得了更大的自由，每个马桶有了隔断视线的门，创作有了更多的私密。我在马桶门背后，看到过至少三种版本的我男根的未来和至少五种版本的剽悍女校长的胯下仰视图。我曾经坚信，每个成年男子胯下都骑着一只中型恐龙，每个剽悍女性胯下都藏着一个国民党的渣滓洞。

上了初中，开始有可口可乐喝，古籍出版社开始影印封建社会的坏书，比如冯梦龙的《三言》，凌濛初的《二拍》，包括《挂枝儿》在内的明清黄色打油诗总汇《明清民歌时调集》。影印的全本三言二拍很贵，一套《警世通言》二十多块。那时候，我在食堂一个月中饭任食，八块，我老妈涨了工资之后，一个月八十多块。而且，书被新华书店的店员看管得很严，放在他们扎堆儿聊天的书架最上层，塑料纸包裹着，不买不让打开翻看。我和我老妈说，鲁迅在日本的时候，就是因为读了全本的《三言》，才有了冲动，编辑了《古小说钩沉》，走出了他成为文豪的坚实的第一步，毛主席都佩服他的成就，我也想走出我坚实的第一步。我老妈说，不吃肉是提升道德的第一步。我们吃了三个月白菜馅的素饺子，我老妈分三个月，帮我买齐了《三言》。我每看一套，都觉得上了当，不如吃肉。每套书中，几十回的插图都集中在书的最开始，黑白两色，人画得很小，体位、表情和器官完全看不到，房屋、院落和摆设反倒画得很大，是研究明代家具和建筑的好材料。

改革开放之后，宽带入户之后，毛片仰俯皆是。但是，完全不符合春宫两个字给我的那种种想象：白玉一样的美人下颌微微仰起，双目紧闭成两条弯弯的曲线，漆黑的长长的鬓角渗出细小的汗珠，些许散乱的发丝被汗珠粘在潮红的两腮。

我不得不认命。如同我十五岁前没听见过钢琴声，我一辈子不能为古典音乐狂热，我二十岁前考试没得过不及格，我一辈子不能创立自己的Google，我的幼功不够，我的春宫遥遥，不可及。

寄生在笔记本上的生活

　　因为有过悲惨经历，所以从小不喜欢笔。
　　小学的时候还开毛笔字课，讲课的老师，男的，分头，腰肢细软，睫毛翘长，现在想来一定是"玻璃"，写一手好的瘦金体。电脑打印机还不存在，庞中华的名头和现在余秋雨、韩寒一样响亮。我哥说，你瘦得像芦柴棒子，这辈子做肌肉猛男比较困难，写一手好字，看书看坏眼睛，出门衬衫上别一支上海英雄金笔，戴一架金丝眼镜，很转，牛逼，又比较照顾我的先天条件。所以，我决心练好毛笔字。但是，班上有个男生，我怎么练，他的字都明显比我的好。他学柳公权，我学颜真卿，看他的字，想起名山大川，看我的，发挥想象，想起舒同，不发挥想象，基本就是猪肉包子、大胖丫头之类肥厚的东西。我换过很多次毛笔，什么八羊二狼，七羊三狼，六狼四羊，七狼三羊，听说"狼"其实是兔子毛，狼的成分越多羊越少，笔越硬，字越挺，但是对于我没有用，即使是全狼毫笔，我写出来的字还是像个胖子。得出结论，笔不能让我很牛逼。初中的时候，开始写小说，处于自恋狂状态，十几万字的长篇。写残的三支永生钢笔，右手中指远端指间关节生出老茧，变了形，永久性下垂不举，伸出去做下流手势，完全没有睥睨自雄的气势。在写残钢笔的过程中，屁股也扁平化了苔藓化了，站立再久也不能恢复一点点曲线。小说稿定名《欢喜》，在十七岁的时候寄给一家叫《中学生文学》的杂志，一个月后，杂志倒闭了。得出结论，笔让我倒霉，我最好忘记写小说这件事。十七年后，《欢喜》发表在《小说界》上，得了七千元稿费，如果发生在十七年前，我的命运将会彻底改变。十七年后，我发现我得了痔疮，也是那三杆永生钢笔害的，久坐血淤，血淤生痔，每月定期血溅裤头，影响我喝酒食辣的心情，在这件事上，自然界的规律如期应验，我的命运没有丝毫改变。

因为迷信机器，所以迷恋笔记本电脑。

最早接触笔记本电脑，是在北大，一九九一年，选了一门课，《计算机工作原理和286芯片》，老师的业余爱好是国际标准舞，他说，笔记本电脑在中国基本不存在，要是在中国有台笔记本电脑，很转，牛逼。之前，在中学接触过电脑，单色绿屏幕，鬼火闪闪，进计算机房要脱鞋，屋子里飘荡一股脚、袜子和鞋的混合味道。人生第一次了解，女生的脚也可能是臭的，美丽女生的脚也可能是臭的，这点，女生和鲜花不一样。我姐已经在美国，不端盘子，也能上学过生活，她答应我，大学期间，供我周游中国，我说，还是送我一台笔记本吧。在北大的选修课上，我和老师反复讨论，如何从美国夹带一台笔记本过海关。我们讨论了清朝银库兵丁夹带库银和毒品贩子夹带海洛因的手法，觉得基本是屁眼运动，不人道，笔记本太大，不适用。另外的参考对象是文物走私，计算机老师说他去过纽约，大都会博物馆，两人高的北魏佛像，有好几十尊，比笔记本大多了，但都是清朝时候运出中国的，那时候的海关，腐败。我姐说，她命壮，五年前她能用我刻的青田石单位公章蒙骗出国，五年后就能什么招数也不用，把笔记本电脑带回国。那是一台东芝SATTELITE系列，英特尔486芯片，33兆赫兹主频，4兆内存，微软WINDOWS 3.2操作系统，12寸黑白液晶屏幕，鼠标像个耳朵似的，要外挂在机身右边。第一次开机的时候，小屋子里一片漆黑，我觉得眼前亮起了一盏水晶宝莲灯。我哥也在，问，能看电影吗？能听音乐吗？还是黑白屏幕，看毛片分不清脸、奶子和屁股。我姐说，有彩色屏幕的，太贵了，这个黑白的都要两千美金，我买了之后，兜里就剩二十块了，想了想，还是买了。

我开始长在笔记本电脑上。笔记本比姑娘好，多数姑娘，需要你帮她承担各种心理杂碎，笔记本帮你承担你的各种心理杂碎。笔记本也变老，在我手上，"N"键和"I"键很快磨成白板，但是笔记本不抱怨。笔记本也帮你解决生理问题，调节激素水平，但是基本不逼你自责自省、脑袋撞墙或者思考人生。笔记本也改朝换代，比女友规律，基本上三年一款，那个黑白屏东芝之后，用过如下机型：同方，Sony PCG505, Compaq Armada M300, Compaq Evo N600C, IBM Thinkpad T41, Hp compaq nc4010。花在笔记本上的时间，比花在女友和父母身上的时间长很多，电脑打开，WORD启动，不朽比窗前的月光更实在，心里无名肿胀，手指微微颤抖，以为能用文字打败时间，以为键盘就是琴键，仿佛夏商周时代的巫师，身体在瞬间被一种更强大的力量占据，手指便像流水般起伏，文字就如小鱼小虾一样在荧幕上跳动。忘记了屋外，蓝田日暖，良玉生烟，陌上杂花盛开，姑娘的手比文字更软嫩幼滑，姑娘的眼睛比文字更明亮光鲜。过几天，点一根烟，重新检点那些文字，基本一无是处，了无生意，比不了事后的姑娘，手还光滑眼还明亮，那些月亮一样的东西，都是幻象，都是少年人进了老天挖的陷阱。痔疮还在，有从内痔发展到外痔的倾向，肩背基本完蛋了，医生说，颈椎危险，需要半年照次片子，观察

203

进展，这些，都不是幻象。

最近买了多普达900，PDA手机，女生常用的铝皮饭盒大小，勉强能塞进裤兜。德州仪器500兆主频，128兆内存，3.6寸TFT屏幕，全尺寸QWERTY键盘，Wi-Fi，蓝牙，红外，GSM，W-CDMA，什么都有。听姑娘说，小鸡鸡的男人才用巨大的手机，开悍马吉普车。我说，个子几年前就不长了，鸡鸡本来就不大，过一阵，文章也写不出了，脑子也会逐渐萎缩的。这款像笔记本电脑的手机，用1G的SD存储卡，我想，一辈子的文字也占不了它千分之一的空间，比骨灰盒能盛多了。骨灰多了，就撒进龙潭湖里，过去叫龙须沟，靠近天坛，小时候我钓过鱼。文字就散进那些笔记本电脑里，再过几百年，能不能比那时候姑娘的手还光滑眼还明亮，能不能摄人魂魄，就看它们自己的造化了。

文字打败时间——我的文学观

纯从个人认识出发，我的人生观是我感受到、我理解、我表达。文字打败时间，这是我一辈子要做的事情。不再当妇科医生之后，初恋二婚之后，就这么一点人生理想了。基于此，我的文学观有三点内容。

第一，感受在边缘。

码字人最好的状态不是生活在社会底层。没有一间自己的房间或者被豢养在一个施主的房间，等着下一张稿费汇款单付拖欠了半年的水电杂费、儿女上学期的学费、父母急诊的药费，去另外一个城市或者国家、和另外一群人交谈已经是十年之前的事情了。这种状态，容易肉体悲愤、仇恨社会，不容易体会无声处的惊雷，看不到心房角落里一盏鬼火忽明忽暗，没心情等待月光敲击地面、自己的灵魂像蛇听到动听的音乐、闭着眼睛檀香一样慢慢升腾出躯壳。

码字人最好的状态不是生活在风口浪尖。上万人等着你的决策，上百个人等着见你，一天十几个会要开，在厕所里左耳朵听着自己小便的声音右耳朵听着手机。日程表以五分钟一档的精密度安排，你的头像登在《华尔街日报》头版上半页，你的表叔在使劲盘算如何在小学门口绑架你儿子。这种状态，不容易体会布衣暖、菜根香、诗书滋味暖心房。牛逼太大了,阳具进去空荡荡的没有任何感觉,容易看不到月亮暗面,容易忘记很多简单的事实,比如人都是要死的、眼里的草木都会腐朽、没什么人记得和孔丘同朝的第一重臣叫什么名字。

码字人最好的状态是在边缘,是卧底,是有不少闲有一点钱可以见佛杀佛见祖灭祖独立思考自由骂街,是被谪贬海南的苏轼望着一丝不挂的雌性女蛮人击水在海天一线,是被高力士陷害走出长安城门的李白脑海里总结着赵飞燕和杨玉环的五大共同特点,是被阉的司马迁暗暗下定决心没了阳具没了卵蛋也要牛逼千百年姓名永流传。

第二,理解在高处。

文字里隐藏着人类最高智慧和最本质的经验。码字人可以无耻,可以混蛋,但是不能傻逼。码字人要能够抓着自己的头发把自己提升到空中,抚摸那条跨越千年和万里、不绝如缕的金线,总结出地面上利来利往的牛鬼蛇神看不到、想不明、说不清楚的东西。让自己的神智永远被困扰,心灵永远受煎熬。码字人,钱可以比别人少,名可以比别人小,活得可以比别人短,但是心灵必须比其他任何人更柔软流动,脑袋必须比其他任何人想得更清楚,手必须比其他任何人都更知道如何把千百个文字码放在一起。如果你要说的东西没有脑浆浸泡、没有心血淋漓,花花世界,昼短夜长,这么多其他事情好耍,还是放下笔或者笔记本电脑,耍耍别的吧。

第三,表达在当下。

动物没有时间观念,它们只有当下感,没有记忆,不计划也不盘算将来,只领取而今现在。在表达的内容和着力点上,码字人要效法动物,从观照当下开始,收官于当下。写项羽,我或许写不过司马迁和班固,写二十一世纪的街头流氓、野鸡、民营企业家和海龟白领,未必。

人力和天命

我们这辈人，从小的教育是信党、信主席、信自己、信共产主义，不信神、不信鬼、不信权威、不信天命。概括起来就是，笔补造化天无功，人有多大胆，地有多大产，我想三年超英就三年超英，我想五年赶美就五年赶美，我想和隔壁教室的班花好，我就能和班花好，我想和银幕里的陈冲刘晓庆好，我就能和陈冲刘晓庆好。反之，宣传天命的，都是别有用心，比如皇帝号称天子，就是让别人以为天下本来就是他的，任何人都不要和他争。我问，人心一胡想一努力，国家就超英赶美了，那不成了唯心主义了？我们的信仰不是实事求是的唯物主义吗？老师说，无产阶级的唯心，就是唯物，资产阶级的唯物，也是唯心。我问，如果我想班花想陈冲想刘晓庆，她们就是我的，我不就成了阿Q了，我不就是在意淫吗？老师说，叫你父母明天来，我要找他们谈话，你的思想有问题，复杂，下流。

在这种教育下，我的自信心暴涨，放眼看天地，觉得我大有可为，放眼看将来，觉得自己的命就攥在自己手上，小鸡鸡一样，一块胶泥一样，我想如何捏就如何捏，想如何规划就如何规划。

然而，三十岁之后的几年间，现实中的几件事好好地教育了我，告诉我山高地厚，宇宙洪荒，我再抬头看蓝天，开始怀疑有命的存在。

先是生活。我第二次连续十四天梦见长得很白的班花的形象，梦里的山谷里，白色的山花烂漫。好些年以前，我第一次连续梦见她十四天之后，我去告诉她，她说，她也梦见过我，但是一切太不真实，最好还是彼此忘记，如果能忘记，彼此梦见就是假的，彼此分开就是幸福。第二次之后，我电话给她，她说，她也还是梦见，但是已经有了老公，今天早孕试纸测试阳性，感觉是个女儿，所以彼此不能忘记，也要忘记。我和我现任老婆说，在美国念完书了，我要回国，美国没有麻将打，没有正经的辣子吃。我老婆说，好啊，听说北京和上海，好看姑娘太多，先结婚再回去吧。我说，好啊，但是我可是有个复杂的过去。我老婆说，别腰里拴两个死耗子就冒充老猎人。我说，好啊。于是我们就去市政厅领结婚执照，去律师楼请一个容貌猥亵的律师主持结婚登记。全过程中，我的脑子清澄宁静，没有任何思考，没有任何规划，就是觉得这是一件无可争议的应该做的事儿，过了下午一点，我的肚子也没有饿。

再是写作。高考之前，写过一个长篇小说，记录我对班花的意淫，所有的故事情节都是意淫出来的，所有的思想都是真实的。十三万字，四百字一张的稿纸写了三百多页，然后寄给一本叫《中学生文学》的杂志，然后那家杂志就倒闭了。之后，把码字这件事忘记了十年，在第二次连续十四天梦见班花之后，在班花说早孕试纸测试阳性之后，我的手指开始跳动。我打开电脑，文字像小鱼和小虾米一样，顺着水流，沿着手臂到手指，再从手指蹦跳到键盘和屏幕，于是天暗下来，屏幕的池塘里雨打残荷。我想，忘不掉的，就是命吧，必须写出来的，就是责任和使命。

穆罕默德对信徒说，他能让山走到他面前，喊了三次，山他妈的不过来，默罕默德就走了过去。老婆是命，写作是命，他们如果不走到我的面前，我就带着鲜花、戒指和手提电脑走过去，这是不是就是所谓的认命？

食色

两千五百年前,告子讲:食,色,性也。中国人伦理观念的基调就定了。

第一,作为探讨人和人之间以及天和人之间关系的伦理学,主要两个内容:食和色。食,讲工作,如何看待搵食,如何协调同事以及上下级的关系。色,讲生活,如何看待上床,如何保证生殖成功,子嗣繁衍。

第二,伦理学的基调是,食色性也。不肮脏,不可耻,饮食男女,人之大欲存焉。老百姓需要的,皇上不禁。两千五百年前告子的理论和今天的生物学理论一致。对于生物体,生存是最大道理,吃饭,是为了个体生存,上床,是为了种群的基因生存。百年后,老张的血肉筋骨归于尘土,基因还在市面上流转,基因编码蛋白,蛋白聚合成眼珠子,小张眼珠子里的瞳孔看到大奶和大钞而放大,和上辈子老流氓的瞳孔并无不同,这就是常人实现不朽的形式和佛经说的转世。老天爷编写人性操作系统的时候,认定人性的最终驱动力是让个体基因存在下去的概率最大化。为了生存,可以六亲不认,无法无天,有奶就是娘,大奶是大娘。

中国人的工作观，比较简单。君君，臣臣，父父，子子，也就是说，做事要讲规矩，年轻人要学会等待。但是对于到底规矩是什么两千五年来，中国人从来就没有直接总结过一二三四。只是明确了做事的态度：敬，出门如见大宾，使民如承大祭。只是明确了做事需要达到的效果：和，在邦无怨，在家无怨。只是明确了做事过程中要把握的两个原则：恕，己所不欲，勿施于人；仁，己欲立而立人，己欲达而达人。两千五百年了，中国人一直在用这一套工作伦理，不清晰，但是实用。理论太清楚了，流氓的种类太多，混账事情的种类太多，不能套用，不实用。两千五百年过去，即使现在中组部选拔特大型国有企业一把手，把上千亿的国有资产交给某个五十来岁一百多斤的胖子，仿佛两千年前，秦王把全国一半的精壮男子交给王翦去灭楚国，用的不是平衡计分表（Balanced Score Card）或者关键业绩指标（KPI），用的还是大拇指原则：这个人可不可以托三尺之孤，寄千里之命。

中国人的性爱观，比较矛盾。宋明以前，乐生，人活天地间，顺应自然，尊重人欲。没有电视，没有互联网，没有影院，天黑了，农民们喝几杯自酿的米酒，院子里和自己身体里的虫子都在鸣叫，于是彼此娱乐各自的身体，缓解一天的疲劳，制造新的劳动力量。城市里的文人和官员到青楼和寺院，做诗饮酒，商议国家治理边防漕运。歌妓和女道士比花还香艳，穿戴着当时最先进生产力制造的绫罗绸缎和金银珠钻，吟唱着"浮沉千古事，谁与问东流"，代表着当时最先进的文化水平。在自然规律面前，孔丘自己也无可奈何，说，吾未见好德如好色者也。即使孔丘本身也是这种性爱伦理的产物，《史记》中一针见血地指出，孔丘野合而生。到了宋明，国力狭促，理学盛行，讲究灭人欲，存天理。不是你老婆，看一眼都是不道德的，想一下都是罪过。有个笑话讲，一个理学信徒一辈子不上街，因为人上街则淫具上街，带着淫具在街上溜达，天理何在？"文革"时候，情况类似，衣服只有绿色和蓝色两种，偶像只有毛主席一个，男女手拉手，就是耍流氓。改革开放之后的性爱观，介于宋明之前和宋明之后的中间。白天在街上手拉手的还是很少，CEO们也基本都有老婆，但是中国二线城市以上，汇总起来，有世界上规模最大的色情业，这些服务产值由于没有包含在官方统计数字中，中国的GDP被严重低估。一天中最有效率的时间是在这些地方度过的，最重要的业务是在这些地方谈成，一个CEO教导我："在中国做生意也复杂也简单，复杂到拜佛不知道庙门，简单到ABC、烈酒（Alcohol）、美女（Beauty）和回扣（Commission）。"

CEO们最近的潮流是每年去寺庙里上上香，吃几顿斋饭，住几天斋房，忘掉ABC，养肝固肾，想想公司未来三五年的战略和组织结构。有个老总上完香之后，问过我一个哲学问题："一个人应该用一生去明白欲望就是虚幻呢，还是用一生来追求一个又一个欲望的满足？"

文章千古事,七十尚不知

　　这是一个浮躁的时代。人心如城市,到处是挖坑刨路、暴土扬烟地奔向小康和现代化。普遍而言,浮躁时代中最浮躁的是媒体和评论。电视和电脑,两只老虎一样吞噬闲散时间,做评论的全然不占有资料,闭着眼睛一拍脑袋,就开始像北京出租车的哥一样,指点江山,说谁谁谁是朵莲花谁谁谁是摊狗屎。

　　真正的文学用来存储不能数字化的人类经验,是用来对抗时间的千古事,总体属阴,大道窄门,需要沉着冷静,甚至一点点没落。文章再红,写字的人上街不需要戴黑墨镜,书再好卖,写字的人进不了《财富》杂志的富人榜。浮躁的媒体和评论中,最没想象力的就是文学媒体和文学评论。雌性写字的,眼睛和鼻子基本分得开,就是美女作家,胸比B罩杯大些,就是胸口写作。雄性写字的,裤带不紧风纪扣不系,就是下半身写作,有房有车有口踏实饭吃,就是富人写作。进一步演化到近两三年,这些名词都懒得想了,一九六〇至一九六四年生的,就是六十后,一九七六至一九七九年生的,就是七十后,一九八〇至一九八九年生的,就是八十后。

　　文学其实和年纪没有太多关系。

科学讲实证，宗教讲信不信。科学和宗教之间是哲学，在脑子里在逻辑里讨论时间和空间。科学、宗教、哲学的侧面是文学，在角落里记录人类经验，在记录的过程中抚摸时间和空间。在这个意义上，作家是巫师，身心像底片一样摊在时间和空间里，等待对人类经验的感光。在这个意义上，文学和年纪没有太多关系。有写字的，二十岁前就写完了一生中最伟大的作品，之后再如何喝大酒睡文学女青年，身心也变不出另一卷底片，于是用漫长的后半生混吃等死。也有写字的，度过了漫长的吃喝嫖赌抽的青春期，四十岁之后，发稀肚鼓，妻肥子壮，忽然感到人生虚无，岁月流逝，心中的感动如果不挤出来变成文字，留在身体里一定会很快从正常组织变成肿瘤，再由肿瘤变成癌。按十年一代这么分作家，还不如按其伟大作品的数量分，同样简单，但是更加深刻，比如分为一本书作家，两本书作家，和多本书作家（也就是大师）三类。一个作家一定有一个最令他困扰最令他兴奋的东西，和年纪无关，他第一二次写作，所挖掘的一定是这个点。这个点，在王朔是世俗智慧，在余华是变态男童，在劳伦斯是恋母情结。所以一个作家的第一二本书，可能不代表他最成熟的技巧，但是基本代表了他百分之五十的文学成就，王朔飞不过《动物凶猛》，余华飞不过《在细雨中呼喊》。在从一本书两本书作家向大师过渡的过程中，王朔用《我是你爸爸》窥见了一下所谓不朽的"窄门"，然后就办影视公司去了，余华在十年努力无法通关之后，转过身，以《兄弟》头也不回地向速朽的"宽门"狂奔。D·H·劳伦斯肺痨缠身不久于人世的时候说，他自己的一生是个异常残酷的朝圣之旅，我想起《虹》，想起《恋爱中的妇人》，黯然神伤，鼻泪管通畅，泪腺开始分泌。

　　如果硬扯文学和年纪的关系，文学是"老流氓"的事业。不可否认天才少年的存在，偶尔嗑药间或高潮，被上帝摸了一把，写出半打好诗半本好小说。但是更普遍的情况是，尽管作家的气质一直在，理解时间，培养见识，还是需要一个相对漫长的过程。接触一个美女，被先奸后杀始乱终弃，是你倒霉，总结不出什么。接触第二个美女，又被先奸后杀始乱终弃，还是你倒霉，这两个美女是亲戚。接触第三个美女，第三次被先奸后杀始乱终弃，样本量有了一定统计意义，你可以归纳说，美女都是貌如天仙心如毒蝎。时候不到，胡子还没长出来，自然不需要刮，自然不知道刮完后的那种肿胀，也无从比较那种肿胀和早晨醒来下体的肿胀有什么异同。还没到四十多岁，胡子还没有一夜之间变得花白，秋风不起，自然很难体会岁月流逝。文章憎命达，等待劫数，等待倒霉，婚外恋，宫外孕，老婆被泡，孩子被拐，自杀未遂等等，安排这些国破家亡生离死别，需要上帝腾出工夫，也需要一个作家耐心等待。文字有传承，汉语有文脉，先秦散文汉赋唐诗正史野史，最基本的阅读，最基本的感动，也需要相当长的时间。

文章千古事，得失寸心知。不提八〇后，即使是七〇后，还嫩，还有漫长的路要走。

不论先秦和南北朝了，往近世说，和以"二周一钱"（周作人，周树人，钱钟书）为代表的五四一代相比，七〇后没有幼功、师承和苦难。我们的手心没有挨过私塾老师的板子，没有被日本鬼子逼成汉奸或是逼进上海孤岛或是川西僻壤，没有背过十三经，看《浮生六记》觉得傻逼，读不通二十四史，写不出如约翰·罗斯金、史蒂文森或是毛姆之类带文体家味道的英文，写不出如《枕草子》之类带枯山水味道的日文，更不用说化用文言创造白话，更不用说制定简体字和拼音。往现世说，和以"二王一城"（王小波，王朔，钟阿城）为代表的"文革"一代相比，我们没有理想、凶狠和苦难：我们规规矩矩地背着书包从学校到家门口,在大街上吃一串羊肉串和糖葫芦。从街面上,没学到其他什么,我们没修理过地球,没修理过自行车,没见过真正的女流氓,不大的打群架的冲动,也被一次次公安干警的严打吓没了。

七〇后基本没有被耽误过。我们成群结队地进入北大清华而不是在街头锻炼成流氓,我们依靠学习改变命运,我们学英文学电脑学管理,我们考TOEFL考GRE考GMAT考CPA考CFA,我们去美国去欧洲去新西兰去新加坡去香港,我们会两种以上的领带打法,我们穿西装一定不穿白袜子,我们左擎叉右擎刀明白复式记账投资回报和市场营销,我们惦记美国绿卡移民加拿大,我们买大切诺基买水景大房一定要过上社会主义美好生活,我们做完了一天的功课于是尽情淫荡,我们在横流的物欲中荡起双桨。

七〇后作家,作为整体,在文学上还没有声音。先是卫慧等人在网上和书的封面上贴失真美人照片,打出"身体写作"的旗号,羞涩地说"我湿了",然后是九丹义正词严地说我就是"妓女文学","我占领机场卖给六七十年代白领精英",然后是木子美另扛"液体写作"的旗号,坦然地说"我就是露阴癖","再废话我露出你来",最近的进展是有女作家直接在网上贴裸体照片。羞耻啊,写枕头的,没出个李渔,写拳头的,没出个古龙。我们这一代最好使的头脑在华尔街构建金融计量学模型,在硅谷改进Oracle数据库结构,在深圳毒施美人计搞定电信老总销售程控数字交换机。

但是七十代还有机会,气数还远远没有穷尽。

从经历上看,七〇代独一无二,跨在东西方之间,跨在古今之间,用张颐武的话说:"这一代,是在大陆物质匮乏时代出生和度过青春期的最后一代。他们在匮乏中长大,却意外地进入了中国历史上最丰裕最繁华的时代。他们还有那单调刻板却充满天真的童年,却又进入了一个以消费为中心、价值错位的新时代。他们有过去的记忆,却已经非常模糊;有对于今日的沉迷,又没办法完全拥抱今天;容易满足,却并不甘心满足。"从知识上看,七O代受过纯正的科学训练,顶尖的脑子在《科学》和《自然》发表论文,独立思考已经成了习惯,比如遥想最完善的人类社会制度,按需分配当然好,如果人民都想自己占有Tahiti的Bora Bora岛,如何分配啊?如果男人都想睡安吉丽娜·朱莉(Angelina Jolie),如何分配啊?从时间上看,七O后还有大把的光阴。这个岁数,亨利·米勒的文学实践还停留在嘴上和阳具上,这个岁数,王小波站在人民大学门口,望着车来人往,还是一脸迷茫。

出名不怕晚。北大植物学老教授的话还在耳边,板凳甘坐十年冷,文章不着一句空。我最近看到的趋势是,六O后个别人开始掉转身,亲市场求销量,顺应时代一起浮躁,七O后在有了自己一间看得见风景的房间之后,个别人突发奇想,认为真正的牛逼来自虚无的不朽,开始逆潮流而动,抛开现世的名利,一点一点,试着触摸那扇千古文章的窄门。

有肉体，还有思想

我基本上只看写字人写的博客，什么东西落到文人手里就复杂了，这种复杂，我喜欢。好的文人博客，如唐宋野史、明清小品文。内容上，讲真话，不掩饰，夜雨春酒，深巷杏花，记录发生在当下的新鲜。形式上，直截了当，去繁就简，一个词想不起来，造一个或者标注拼音，不查成语字典。唯一的例外是高晓松的博客。一个字，牛。两个字，牛逼。四个字，就是牛逼。强悍的人生，不需要解释。睥睨笑傲或者谦和恬退，真实就好，不装就好。见过一次，在故宫午门外，夜里两点，在他新改装的大篷车里，喝酒，听他放新专辑《万物生长》中的彼得堡遗书，听他讲如何谈大恋爱大绿帽子如何纷飞，看车窗外十米红蓝的警灯闪烁，看车窗三十米外冤鬼们肩并肩开会的午门。

胡赳赳的博客是典型的文人博客，比我的强多了，基本都是专门为博客写的，淋漓不尽，不动大手术，上不了平面媒体。在电脑的液晶显示屏上看，仿佛一页页沾着脑浆子的涂鸦，有肉体，还有思想。

有肉体。

比如："海儿素喜制服女，口头禅是'制服诱惑'，每次见到都会狂拍不止,此次打飞的过安检时,女制服安检摸他全身,他一如既往地吐出两个字:欧耶!"我在国内过安检,每次都是提前半小时就把裤腰带脱了、假牙摘了放在旅行箱里,每次警报还是照样响起。我高度怀疑机场部门担心女制服安检们实在无聊,故意提高敏感度,多出很多触摸的机会。再比如:"喝一杯的理由里必须包括自己,但又得有人响应。于是,稀奇古怪的提议应运而生:北师大毕业的喝一个,住在五环以外的喝一个,离过婚的喝一个。假如这尚算智力平庸的话,请看水晶珠链站起来说:不止一个性伴侣的喝一个!"不在北京已经三年,看到这样三个短句,一瞬间,恍惚间,北京二环三环边上,小酒馆里的酒旗飘扬,初长成的文艺女青年和油炸花生米飘香。

还有思想。

比如:"我们对诗歌要保持足够的耐心,不管它发展到什么状况,请一直相信,人们在需要的时候,会打开那座语言旧仓库,去搬运被遗忘的旷世诗篇。"在现在的世界上,除了诗人,我已经不崇拜任何人了。等我们祖国人均GDP超过五千美金,或许我们会看看白洋淀还有没有活鱼,会看看周围还有没有诗人。再比如:"我的2005交给了谁?MSN?博客?新周刊?手机?床?厕所?几首诗?几篇随笔?客串博客?一支MP3录音笔?一个平头?一个新居?一个LP?一堆不成体系的书?小部分碟?十来盒名片?啤酒+白酒+洋酒的混合物?与中产一起瞎混?现代城A座3909AND瑞达大厦41号?某某三六九和小强?五打保险套?半百餐厅?数个酒吧?暴走?出租车时光?火箭队?参加别人生日?开N个不同感觉的会?伪玉米?有限的几次篮球运动?有限的几次吵架?有限的几次被人误会?有限的几次撒谎?有限的斗地主胜利?有限的几个实惠奖项?被频繁的跳槽脚步声惊扰?看通州上空的飞机无声地滑过?忘了植物的名字?令人不爽的口腔溃疡？几次通宵喝酒或加班？几场日场电影？两趟四川一趟上海？屈指可数的几个FANS？几次酣醉？"如果今天把一生能用的牙膏都买过来，一个提包装下了吧？把后半辈子能喝的啤酒都排成队，到不了一公里吧？

毕竟是讨文字饭的，酒局少去，歌厅少唱，文艺女青年少碰，博客写写，好事，当成搞摄影的傻瓜机，当成搞美术的素描本。等着看王朔们写的《红楼梦》，等着看胡赳赳们写的《世说新语》、《子不语》、《浮生六记》。

肉体需要思想，思想需要歌唱

　　无数酒局中的一个，无数陌生人中的一个，留下联系办法，有手机号码、MSN号码、个人博客链接。我想，中国移动股票的市盈率不过十五就该买些了，微软太可怕了再过十年比任何一个传统电信运营商都会强大的，全民皆博啊，身体不让只穿内衣上街但是精神可以啊。那个陌生人好像是做IT的，继续问我，你猜中国现在有多少人有博客？我用了五秒告诉他，两千万。他说，报纸上说一千六百万，还是去年底的数，现在一定在两千万左右了，你是怎么猜的？我微微一笑，什么都没说。

　　这个不能告诉他，把脑子当水晶球拍，还不管用就把屁股当数据库拍，是我们做管理咨询这个行当必需的基本功和看家本事之一：中国网民一个亿，IDG的报告里有这个数。人群中有10%的人有露阴癖倾向，网民中这个比例应该加倍，我原来学医的，上过心理学和精神病学，这个比例我知道。一个亿的20%，就是两千万。

　　我不太懂的是，为什么自我感觉好的露阴癖比二十年以前多了那么多，比糖尿病、高血压、心脏病的增幅还大、增速还猛？我老姐多年前有个日记本，硬壳封面、粉色、有玫瑰花和八音盒图案，纸也是

221

粉色的，有玫瑰花和其他各种花，有各种诗句（例如"我的日子里/在抒情的寂寞中/寻找一段摇滚的呐喊/我的爱情躲在摇滚的方式里/渴望拥有长久的古典"）。我老姐在扉页上写了一首诗：看花要等春天来，看本要等主人在，要是主人我不在，请你千万别打开。我每回都自己打开，每回都没被发现。我老姐练铁饼的，大行不顾细谨。我老妈看了一次就被我老姐发现了，我老妈过目不忘，偷看日记那天，当着我老姐面，晚饭桌上背了半小时。我老妈唠叨，有什么的啊，不就是第一次出血，觉得自己要死了，到现在不是还没死吗？不就是第一次亲嘴，觉得要生孩子了，到现在不是还没生吗？这也值得一写？浪费！隔着饭桌，我老姐捏着一个空盘子，看着我老妈，许久，仿佛捏着一个铁饼，盯着要投掷的目标。

前两个月，我老姐从旧金山打来电话，说她在Godaddy申请了个互联网域名，说找了个免费服务器，说做了个人主页贴照片贴小电影贴要卖的房子还有博客功能，说隔三差五把情感垃圾心情鼻涕倾泄到博客，说还有人追着看还有人留言还有人要求网下见面，说太好玩了要是早有这个早不吃抗抑郁药了早消灭好些精神病人了。我问，老妈看了吗？我老姐答，老妈听说全人类都能看见就一点兴趣也没了，说要买个红外夜视型望远镜，看隔三十多米远右手边那个偶尔不拉窗帘的房子里，两个三四十岁的长胡须的男人之间到底能做些什么。

都算上，我有三个博客。

一个是我个人主页自带的博客，大师级朋友设计，简单好用。Fengtang.com早就被我注册了。怕被别人注册，然后在我自己院子里拉屎放屁或者闭月羞花。后来发现，这个判断傻逼。第一，别臭美了，你招不来那么多变态的人；第二，如果真招来了变态，注册了Fengtang.com也没用，他可以注册Fengtangshabi.com，Fengtangsucks.

com等等。这上面的博客我基本空着。在上面写，还是让我产生写其他正经文章的紧张，我更喜欢用小软皮本子记札记。

另一个博客是被新浪相熟的编辑抓的壮丁。基本上是帮我把主页上原有的短文搬上去凑数，自己基本没时间打理。后来编辑说，好好打理一下吧，写点新的，随便扯扯龟毛鼻毛，就有上千万的闲人点进来看你如何扯的。如果她说的属实，我想，1.各种企业应该禁止员工上班时间浏览新浪，一个员工白天七个小时有效工作时间，两个小时消耗在新浪上了。2.当初新浪股票一美金一股的时候，我苦劝一个要买宝马X5带着海子诗集找他重庆籍女神谈人生的清华结巴男生，别买了，X5什么时候买不行？买新浪吧，中国总要一两个门户网站吧（可是，我自己当时为什么没买呢）？3.新浪和MSN早晚会推出博客贵宾服务，像经营卡拉OK的钱柜一样，出租网页位置，按时间和点击率收钱。

第三个博客是被和菜头拉去到牛博开的，是唯一一个我更新的博客。牛博的管家是罗永浩。百度"傻逼"两个字，第一跳出来的就是他。这个是真正意义上的天下第一，如果默想这个定义下的种群总数，如果罗永浩没付钱给百度买断了这个第一的位置，那就是奇迹。书商早就在催我《万物生长》三部曲最后一部《北京北京》的书稿了，不带薪水的两个月假期也请好了，我老爸也志愿从旧金山回来给我做饭了，我初恋也考虑是否二婚了（又是别人），没有任何理由不完成。为了支持天下第一，为了断绝后路，我开始在牛博连载《北京北京》，保证一周贴一章。徐星和和菜头都告诫说，不要这么贴，容易习惯性看别人评论，自己都不知道如何小便和如何下笔了。

我说，别说别人，我自己都管不了这支笔，它有它的生命和人生观，无法无天，自行自止。

223

执著如怨鬼

  我在幼儿园里吃打蛔虫的宝塔糖。甜啊，比砂糖还甜啊。当天大便时，看见蛔虫的尸体随粪陨落。白啊，估计它们很少见阳光，还晃悠，不知道是风动还是虫动。
  幼儿园阿姨要求我们把拉出来的数目汇报给她，她在一张草纸上做两三位数加减，汇总后写在给院长的工作总结里："祖国伟大，毛主席万岁，我们努力工作，帮助班上祖国的三十个花朵们摆脱了一百二十五条阶级蛔虫，花朵们被阶级蛔虫毒害的日子一去不复返了！"第一个论点，我完全同意。一百二十五条阶级蛔虫是我们三十个小朋友弯着脖子，撅着屁股，左手扒开小鸡鸡的球和茎，一眼一眼瞅见的，一条一条数出来的。第二个论点，没有逻辑根据，我怎么知道肚子里的阶级蛔虫都被杀死了？后来事实证明，我的怀疑有道理，阶级蛔虫很顽强，还在。它们在我小学三年级的时候钻进胆道，让我差点没痛死，也让我第一次打了吗啡。吗啡好东西啊，肥厚如我老妈，忽悠如宗教。
  从那次胆道蛔虫之后，每天晚上，我就总想，肚子里还有几条蛔虫啊？它们现在正干什么呢？它们所有的近亲都结婚了吗？一共繁衍几代了？天天群奸群宿吧？

冷静一想，这是我强迫症的第一个表现。

冷静一看，周围其他人强迫症的表现还有好多。比如，厌恶划痕。给新iPOD和新手机穿上半透明硅胶套子，给新数码相机的液晶屏蒙上保护膜，给新书包上书皮。卖iPOD挣的钱或许还没有卖套子之类外设挣得多，液晶屏保护膜一定比数码相机的利润率高。比如，反复关门。商学院有个同学，人生圆满的标准就是有个陆虎车。人生圆满之后，每次离开那辆陆虎，他总觉得没关车门，扭头再回停车场，一次离别，平均回顾二点五次。我一直劝他搞个无线开关装置，学校停车场和教学楼直线距离一百米，红外、蓝牙都不行，Wi-Fi应该是个好选择。再比如，咀嚼自己。有吃嘴唇死皮的，更常见的是吃手指。有个级别高我很多的鬼佬领导，两只手，十个手指，没一个手指的指甲剩下一半以上的，间或还有一两个缠着创可贴。有次一起吃饭前，他接了两个漫长的电话之后，一通狂啃，血从一个手指残端涌出来，我随手把餐桌上的食盐和胡椒小罐儿递过去，看他是否撒到手指上接着咀嚼。从那之后，他恨我入骨。

佛说，戒执，戒著，强迫也是症。我自我治疗的方式有四个。第一，改变人生观。六尘皆幻，六根皆误，一切都会逝去，一切都是烟云，拿起，放下，了无不了，那么在乎干吗？第二，崇尚科学。放到高倍放大镜下，刚出厂全新的iPOD和理光GRD表面就已经满布划痕了，肉眼看不到而已，保护这种表面做甚？第三，逃避。不买、不用新货。家具买旧的，老花梨、老鸡翅木买不起，买老榆木。老物件上面，划痕就不叫划痕了，叫包浆。房子买二手，买回来涂涂抹抹，就比接手时候强。新衣服先洗几遍，新手机先让老爸用半年，不和处女童男说话。第四，选择。如果强迫症实在治不好，就选择些实在不能割舍的。只对文章执著如怨鬼，其他随他大小便吧。

红酒招魂

　　学医的时候，教授一边讲人体构造和机理，我一边琢磨这种构造和机理可以由逻辑衍生出来的观点，比如，性交得当其实也能治疗诸如阴道炎、慢性盆腔炎之类的妇科疾病，比如人类的设计寿命或许只有四十年，比如出生决定论和童年决定论。

　　出生决定论是个基因问题，也就是说，和兽性相关的，百分之九十，一个人出生时就已经决定了，比如说乳房大小、阴茎短长、脑子反应速度、是情圣还是清华男生、能记住"短歌行"还是"长恨歌"。天生是刘翔的，什么不练都比你我跑得快。至于刘翔能不能成世界冠军，由出生后那百分之十的因素决定。

　　童年决定论是个定型问题，也就是说，和人性相关的，百分之九十，一个人五岁之前就定型了，比如说人生观、世界观、价值观。我五岁之前只喝茉莉花茶，到现在也分不出龙井和毛尖的好坏，分不出明前茶、谷前茶，总觉着都缺茉莉花的香味。我五岁之前陪我姥姥和我老妈喝散装二锅头，一两一毛六，到现在也分不清白酒的好坏。对于我来说，白酒只有三种：二锅头、像二锅头的、不像二锅头的。只要是五十度以上的白酒，半斤下去，地板都开始柔软，星星都开始闪烁,姑娘都开始好看。

唯一例外是红酒。

第一次喝红酒是掺着海南咖啡喝的。我老姐和我老哥当时也不大,他们坐在马扎上,拉起窗帘,一起偷听邓丽君的靡靡之音。邓丽君的歌儿在当时还属于资产阶级腐朽没落的东西。我也坐在马扎上,拿床铺当书桌,做作业,背唐诗"美人天上落,龙塞始应春"。我偷听着邓丽君,想象她应该是个肉肉的好姑娘。我偷看着我老姐和我老哥,这两个没出息的,他们表情古怪,偶尔互相看一眼,仿佛对方有可能听着听着邓丽君忽然变成男女流氓,仿佛喝了雄黄酒的青蛇白蛇。邓丽君有一句歌很淫荡:"美酒加咖啡,我只要喝一杯,想起了过去,又喝了第二杯,明知道爱情像流水,管他去爱谁。"我老姐和我老哥听了心痒,找来半瓶烟台产的味美思葡萄酒(之所以能剩下半瓶,是因为我姥姥和我老妈喝了半瓶之后,一致认为,这种酒一定是散装二锅头兑葡萄香精汽水做的),再倒进半杯我老爸剩下的海南咖啡,逼我先喝。这两个缺心眼的,我之后就再也没喝过比那杯液体更难喝更难看的东西了。

我对于红酒的恶劣印象是我最早的书商帮我扭转过来的。这个书商热爱红酒、拉丁舞、妇女。跳拉丁舞,他吃亏在个头儿。有次他喝多了,随便抓了一个腰身妖娆的妇女跳探戈,他的腿甩出去,本来应该悠长绵延地一甩然后在瞬间收回,但是我只看到了瞬间收回,仿佛林忆莲的眼睛在瞬间闭上。那天,一群人喝光了酒馆以及附近小铺的二锅头,书商跳完舞,脑门上渗出细碎的汗珠儿,从书包里拿出一瓶外国红酒,说,你们这群人渣,这红酒是好酒,太早拿出来,一定被你们浪费了,现在拿出来,慢慢喝。

这红酒真是好东西。如果和二锅头比,二锅头是抽你一巴掌,这

227

红酒是足底按摩。二锅头是北京姑娘,脾气比你大,脱裤子比你快,这红酒是江南女子,一句话不说,注意到你每一个表情,理解你心里每个皱褶。

我老姐在美国湾区的家里,有一只我们共同的狗,德国牧羊犬,它叫Zha Zha(喳喳、扎扎、插插)。它五岁,比一般五岁小孩聪明,会用抽水马桶,做家务,每天负责打开信箱取报纸。Zha Zha喜欢跑步,我偶尔去美国,把老姐家当寺庙,码字,躲清静。每次我写累了从电脑前站起来,Zha Zha就叼着狗链子凑过来,脑袋顶着我出门。它想我带它去百米之外的大湖跑步。

我老妈心脏查出毛病之后,戒了二锅头。她开始唠叨,红酒好啊,血脂高的人,最好喝红酒,一瓶红酒下肚,红酒进了血管,拉着血脂的手走进膀胱,然后尿出来,尿里都带着油星儿。我说,您说的,好像和我医学院里病理生理教授说的不一样啊。我妈问,你教授怎么说的?我说,从前有个叫赵之谦的文人,一个月内妻女双亡,刻闲章"如今是云散雪消花残月阙"。我身体里有个半兽半仙,只要云散雪消花残月阙的时候,它就醒过来,脑袋从身体里面顶我,让我打开一瓶红酒。一瓶红酒下肚,小兽小仙渐渐柔软,沿着红酒的溪水,漂流出来。我老妈问,你们医学院里病理生理教授就是这么教你的?

卷四

那些地儿

我混沌、脏乱、安详、美丽的北京

我是北京土著。在北京出生，在北京长大。除了到河南信阳一年军训，到美国两年学商，所有的时间都在北京这块地方度过。在龙潭湖鸟市第一次茬架，看见白刀子进去红刀子出来，黑里透红的血滴在土地上。在垂杨柳中街邮局前摆摊无照卖旧杂志，挣了第一张人民币一百元的大票。在西山某角落失身，第一次体会到得失因果。又是在笔头讨生涯的，自矜文字练达。但是，不知道为什么，每每想就北京为题写一篇自己满意的文章，却每每心中肿胀，字不成句，句不成篇，找不到合适的词汇和头绪。退一步，如果别人写好了北京，我去读读，杀杀渴，也是好的。就像别人建好了长城，我去登临。但是，我心仪的文字前辈，周作人、周树人、俞平伯、沈从文，都是南方人，为了生计聊居北京，写出的关于北京的文字半干不湿，什么《北京的茶食》、《我观北大》、《陶然亭的雪》、《北平的印象和感想》，全都显尽南方人的局促，了无精神。老舍可能和我犯一个毛病，呆在北京太久了，感受太多，写出的关于北京的小文，东一榔头西一杠子，毫无逻辑章法，而且还压不住地煽情："哼，美国的橘子包着纸。遇到北平的带霜儿的玉李，还不愧杀！"（《想北平》）

去三联书店闲逛，我躲开人多的热卖区和杂志区，在地下靠里的一个僻静所在，发现一本《北京城市历史地理》。侯仁之主编，北京燕山出版社出版。硬皮精装，装帧简单到寒碜，像本社会科学博士论文。正宗的满汉全席没有，就吃大饼馒头萝卜青菜。好看的文艺书没有，不如就看学术论文。看完感觉文字平实，没有多少差池，也没有多少嚼头儿。资料翔实，但是局部组织略显零乱。最最重要的是，这本书给我一个描述北京的视角：北京这样大城的味道是好些人在老长的岁月中住出来的。盯死空间和时间两个轴，从时间的视角写空间变革，从空间的视角写时间流逝。

《北京城市历史地理》开篇名义："距今一亿多年前的中生代晚期，在中国东部发生了一场强烈的造山运动，火山喷发、地壳变动、山地隆起，这就是著名的'燕山运动'。"所以北京三面环山，中间是平原，向东南开敞，如同一个海湾，北京及其周围可以形象地称为"北京湾"。如果粗略地说，北京环山的西面和北面，从古至今，都活跃着异族，北京被异族攻下，北京东南的所谓中原就无险可守（冯唐注：这之后几乎成为中国历史上的第一规律，北方异族入侵，先失北京、再失中原、最后失江山。不在北方建立都城，就是自行加速灭亡）。所以北京这块地方，自古就是打仗的地方和文化交流的地方。

《北京城市历史地理》精彩地描述了北京城的变迁。北京初具规模是在女真族的金朝灭了北宋、将其首都从松花江移至北京的时候。那时称为中都，位置和大小相当于现在宣武区西部的大半。大城周长37里有余，四面共十二个城门，皇城四周长9里30步，特别是已经有了一条从南到北贯穿全城的中轴线，这条中轴线就是现在西二环路的南段。元灭金的时候，蒙古骑兵攻入中都城，看着奇怪，一把火烧干净，没有一点想在北京建都城的心思。四十年后，忽必烈为了消灭南宋，将都城从和林迁至北京，用了十八年，在金中都的东北建成元大都，奠定了今天北京雏形。设计建造元大都的是一个叫做刘秉忠的汉人。这个古怪的汉人小时候是个和尚，后来狂读儒、道，最工《易经》，跟着忽必烈跑过好多地方，有见识。其设计饱含东方各种哲学思想，从那时候起，北京的方方面面就有了各种讲究。其设计中最突出的三点特点福泽后代：

一、亲水建城。弃金中都的小家子气的莲花池水系，以上通下达的高粱河水系为设计中心。于是北京有了水喝，有了水景，有了水路运来的漕粮。纽约曼哈顿中央公园的设计得灵感于此，所以华尔街上的银行家今天才有水景看，不至于大批量疯掉。

二、四四方方。肯定金中都中轴线的设计，"左祖右社，面朝后市"，在大城之内，中央部分的前方是朝廷，后方是市场，左面是太庙，右面是社稷坛。这种设计，注定了北城丰富，南边没东西，到如今"东城富西城阔崇文穷宣武破"的格局在一定程度上依旧存在。

三、正南正北。四方的元大都，街道笔直，正南正北，正西正东。所以常住北京的人才能培养出别处少见的大气磊落，在这个赵薇和章子怡也能疯狂流行的后现代，北京人仍然很容易地找到东南西北。

过了不到百年，明灭蒙元，为了彻底破掉元朝的风水，将元大都的宫殿尽数拆除。"靖难之役"，明成祖从侄儿手中夺取帝位。明成祖明白，失去北京，则必失中原，他不贪恋江南的小桥流水、小奶美人以及小笼包子，决定迁都北京，在沙尘暴中真切感受塞北的威胁。先后十五年，再建北京城。这座新城，基本上是在元大都的基础上，稍加发展。其中重要一条是紫禁城南移，为了压胜前朝风水，在元后宫延春阁上人工堆筑万岁山（即现在的景山）。巧合的是明崇祯最后还是在景山上吊死，好像风水还是没被压住。

　　清人比明朝汉人明显大度开明。既然风水压不住，索性全部保留明朝的北京城。省下的银子大规模开发西山，营造了规模空前的离宫建筑群，统称"三山五园"，即玉泉山静明园、香山静宜园、万寿山清漪园和畅春园、圆明园，可以春射秋猎，不忘记马背兴国的根本和脊梁骨里上下流转的凌厉之气。

　　《北京城市历史地理》没有提及，四九年北京解放，我们现代人尽管比清初满人大度开明，尽管我们全然不信风水，但是阅兵还是在天安门楼上看最气派，而且我们还喜欢汽车和大道，所以我们没有按梁思成的意思保留老北京城。试想，如果我们留下老北京，把中南海、北海、什刹海圈起来整出一个巨大的城市中心公园，在现在望京新城的所在新建一个北京，那现在的北京该是怎样一种美丽？为了弥补遗憾，我们现在在剩下的城楼下种植了塑料的椰子树，还打上红色黄色绿色的灯光，白天看像幼儿园，晚上看像鬼堡。梁先生梦里回来要做些心理准备，小心被吓着。

二楼和地下室的风景

一个人,拎着一口箱子和一台手提电脑,初到香港,组织安排周到,有一张床睡觉,有个杯子喝水。香港饮食天下第一,肚安不是问题,出门,望左,四个茶餐厅;望右,四个茶餐厅。但是,心安处才是家,最好能有个姑娘。没有姑娘,最好能有几个朋友,没有朋友,至少能有几个网吧可以联系上革命同志,至少能有几个书店可以买几本书打发忽然多出来的时间吧?

香港地仄人稠,你在中环皇后大道中放个屁,几十个人嗅到,七八个人听见,一两个人怀疑是不是有人推了一下他们的腰眼儿,没有一个人回头看你。"天下熙熙皆为利来,天下攘攘皆为利往",大家都忙。我以前做咨询的时候,带两个分析员去香港做项目。其中一个黑龙江小伙子,笑脸如丰泽园的烤馒头,纯洁而朴实。他是第一次到香港,走出长江中心的办公室,满眼高楼和奔驰车,他半分钟数出了十八辆。他对我说了两句话,第一句是:"咱们今晚吃点好的吧,吃鱼,吃虾。"第二句是:"香港就是一个山啊。"

因为是个山,所以想盖楼,除了开山,只能填海。土地来得不容易,所以盖出来的楼都有两个特点,一是又瘦又高,仿佛莫名其妙竖起来的一个一个中指。二是贵，金融风暴之后，楼市大缩水，现在的楼价还是比北京上海高出五倍。和租房的小生意人聊天，最常听见的话是：寒啊，都是为房东打工。房东最常说的话：我才惨，我现在还是负资产。所以一楼旺铺，都是卖女人擦脸油和欧洲小皮裙之类的暴利行当。书店不是在二楼就是在地下室。

二楼书店里，号称"大哥大"的是港岛洪叶书店。按图索骥，出了铜锣湾地铁口，时代广场星巴克右拐就是。一楼有个入口，巴掌宽，两百斤的胖子，提个包，要拧身而入。楼梯两侧是招贴画，多数是时下畅销书的，比如章怡和的《往事并不如烟》，还有最近的艺术展览和小剧场预告。快进二楼的地方是《明报》周日的读书专刊，最近的一期是章含之和洪晃的访谈，洪晃一张明晃晃咧嘴而笑的大脸吓了我一跳，我想，最近和"立早章"有关的人都牛逼了啊。

二楼的铺面也不大，约北京三联书店面积的五分之一，而且低矮，承重梁碰到我的额头。只有一个伙计，看店兼收银。他是个三十多岁的胖子，坐在柜台里，像是劈了一半的葫芦，平的一面冲墙，鼓的一面冲人。他穿了件鸡屎黄佐丹奴短褂儿，二目无光，鼻毛微长。时值周六的下午，店里稀稀拉拉不到十个人，看的多，买的少，萧条。书胡乱摆着，书架上没有门类说明。有一半的书是大陆版的，除了书目旧些、少些、选书口味差些，价钱贵百分之三十至百分之一百，和深圳书城卖的没有区别，基本上内地流行什么，香港流行什么。但是，见到了余秋雨，没见到任何一拨儿美女作家，心想，有些在国内被禁了，如果连港澳台同胞们都不使劲帮一下，美女作家的液体和狗不理包子从哪里来啊？另一小半是台湾版书，价钱比台北也贵了百分之五十，除了臆想出来的小道政治分析，就是董桥、余光中之类的塑料花、纸花和绢花，就是唾液分泌过多综合征的话痨李敖。唯一撑门面的香港版书是亦舒系列,整整三层书架,真是不能不佩服那些写作习惯比月经还规律还坚持不懈的作家们,确实多产。洪叶书店里,唯一体现"大哥大"风骨的,是店铺尽头摆的四张桌子十几把椅子,免费供逛书店的人歇脚,还没人逼着你必须买饮料。

在香港最出名的书店,第一次来,一本书也没想买,我郁闷。

地下书店的代表,也在时代广场。莲卡佛卖擦脸油的地下一层,有很大的一家叫"PAGE ONE"的书店,店门口右手柱子上,是隶书的中文译名:"页一堂"。店挺大,百分之九十是外文书,可能是纸和油墨用的不一样吧,一进去,仿佛到了缩小版的"Barnes & Noble",满眼的英文告诉我们,洋鬼子在这里盘踞过九十九年,阴魂还浓,在精神领域还有市场。最突出的是画册和国外杂志,都是细分门类,排了小十个架子。画册建筑、设计和时尚居多,本来想找Jessica Rawson等几个恋物癖写的中国古玉研究,没有得逞。杂志就算了,要找的东西,网上基本都有。转了一圈,唯一想买的是一本英文实用书,叫《如何在35岁之后把自己嫁出去——基于我在哈佛商学院的所学所练》,准备送给我一个事业心和排卵一样旺盛的剃寸头的姐姐。但是,考虑到积德、厚道和怕挨抽,书最后扔在收款台旁边。

气急败坏之下,我沿着皇后大道一路向西,走到上环老区,终于在一家叫"新辉"的打折书店,买了三联文库中的两本小书:郁达夫的《一个人在途上》,张中行的《北京的痴梦》,小三十二开,装帧素面清丽。还有台湾人邓淑萍编的《〈古玉图考〉导读》,原书影印,导读配胶版彩图。付款的时候,店员小姐正在读一本孟妮写的《吻我请关灯》,她一边收钱,一边眼睛不离书本。

我偷偷看了她一眼,心想,一定得关灯。

挤呀挤

香港真挤，每条街都是王府井，都是淮海路。

为了离上环的办公室近，公司把宿舍安排在西营盘。那个是老城区，英国殖民地的时候，驻扎过军队。现在，满眼老头和老太太，捅开一楼临街的房子开小店，忙的时候做生意，闲的时候在铺子里搓麻将，人气扑鼻。店都开了几十年了，一见我就知道是刚来的，争着夸我普通话说得标准，基本没有口音。感觉仿佛北京的二环路以里，唯一的区别是，北京二环以里拥挤着的，多是一层的大杂院和四合院，香港的上环，一个挨一个，多是二三十层的瘦高楼。大杂院里，总有一两棵槐树、枣树、石榴、香椿、丁香或是半架葡萄，拧着挺着，冲破临时搭建的小厨房和小厕所，在饭香和粪气滋润下顽强地开花结果。站在院子里，抬起头，是老大一块蓝天和吹着流氓哨的鸽子。香港老城区，常是单行线，没有自行车道，人行便道三瓣屁股宽。一个长着两瓣屁股的人迎面遇上另一个长着两瓣屁股的人，小声说一句："唔该。"一侧身，三瓣屁股在蹭与不蹭之间交错而过。人行便道上遍铺水泥，没有一棵树，路边偶尔有个街心花园，隔几十米望去，常常误以为是谁家阳台上摆的盆景。仰起头，坚持久些，楼与楼之间的一线天空上，或有老鹰飞过，好像谁放的风筝。

挤有挤的好处。

我站在这个老城区的任何一个路口，向任何一个方向一望，至少有三个茶餐厅，三个洗衣店，三个杂货铺，三个水果摊，三个巴士站。我住三楼，对面的三层楼里，一家人新换了大屏幕等离子电视机，新机试碟，放《金鸡》，没拉窗帘。我推开窗户，对面的电视里，刘德华正以香港十大杰出青年的身份，教育资深职业妇女吴君如：要以一团火的精神对待所有劳苦男性嫖客，提高服务意识和床上技巧，做一名扎根基层的职业妇女。只有这样，一旦这样，她就有希望了，社区就有希望了，香港就有希望了。我的眼睛里，吴君如的脸有面盆那么大，我也有希望了，我不用自己买电视了。对面人家拉上窗帘的一瞬间，我恍惚想起好多年前，北京住的大杂院里，有人添了第一台电视，日本产的，黑白的，红色塑料壳。所有小孩都端着饭碗，拎着马扎到那家去看，那是一个叫《敌营十八年》的让人废寝忘食的幼稚电视连续剧。

几年的工夫，上网从无到有，变成人类一种基本需要，排名在空气、可乐、麦当劳、《龙虎豹》之后，在老妈、老爸、老婆之前，几天上不了网，阴阳不合，六神无主。在香港，提供宽带上网服务的有三家：SO-NET，i-CABLE和电信盈科，一样的缺德，都必须签订一年以上的合同。提前解除合同，每月照付一百元。我叹一口气，打开我带迅驰芯片的ThinkPad，惊喜地发现，无线上网服务列表上，竟然有三个可选：Piano, J@home, Crazy Horse，一定是周围几个楼里的猪头三，狗眼四。随便选了一个，系统警告我不安全，"妈的，感到不安全的应该是猪头三和狗眼四，我上。"随便挑了一个，我无线高速浏览到新浪新闻。

在上下班高峰的地铁里,更是人挤人。还好,毕竟是香港,有空调和香水。人们目光呆滞,望着车窗外,车窗外是隧道,一无所有。偶尔有几个年轻人塞着耳机听音乐,基本没有人读书。唯一一次看见人念书,是个学生仔,至多小学三四年级,还没长青春痘和胡子,个头刚到我屁股,穿着学校统一的蓝色毛背心,戴着牙箍。在周围一车的屁股中间,他的脸忧郁沉静,我挤过去,偷眼看他读的书,深红色的封面,书名叫《我不怕压力》。

看着他忧郁而沉静的脸,我忽然想告诉他,我们小时候玩过一个叫"挤狗屎"的游戏。天气冷的时候,教室里没有暖气,身上没有厚衣服,我们就找个墙角挤在一起,那可比香港的地铁挤多了,比上环和中环挤多了,我们挤得口眼歪斜,我们高叫着:"挤呀挤,挤狗屎。"我们没一个不乐得前仰后合的。

在香港清炒一盘楼花

如果权衡物欲，衣食住行和美女，除了美女，我最在意房子。

衣服，我最喜欢裤头、老头衫和拖鞋，舒服，省钱，掩盖身体缺陷，披挂这身打扮在夏末秋初的北京游荡，是人生最大的"不亦快哉"。如果没有美女和老朋友在，好食物的唯一标准是快，麦当劳大叔和狗不理是我的最爱。至于车，我的梦幻车型是长安奥拓都市贝贝，停车太方便了，还是房子需要投入，建得好了，可以躲进去，关门拉窗帘，面壁点炮，干什么谁都管不着。

我对房子的喜爱，也是我老妈的遗传。她是纯种蒙古人，有蒙古名字，会说蒙古话，心脏没搭桥之前，一顿饭，一个人能喝一瓶套马杆酒。我老妈对两种事物的反应总是非常一致：看见长相俊美的动物植物，总是说，拿回家炖炖吃了；看见风景清幽的山山水水，总是说，占一块地方盖个房子。记忆中每次他们单位分房子，我老妈都奋勇争先。1976年地震，政府鼓励民众自发建地震棚子，我老妈盖了三个，方圆五里，规模最大结构最精巧。后来政府勒令拆除，我老妈就是不从，双腿叉开，左手叉腰，右手把持一把九齿钉耙，矗立在以三个地震棚子为顶点的三角形中心，看哪个不知死的敢动。

当我老妈知道我在香港租房，立即电告：看看能不能买，租房便宜了房东，买房能留给子孙。股票是套人钱的，现金存银行，银行也能倒闭，真缺钱的时候，古董论斤卖都可能卖不出去，还是房子好，留给子孙收租金。我老妈没学过金融，不懂投资组合管理和流动性分析，但是分析得都在点上。

我到香港最初几天，简单概括，就是香港不适合人类居住，太挤。一街一街的人，挤到东挤到西，我站在有空调的房间里看，都会不自主地出汗。但是，待长了，就像在飞机上待长了一样，渐渐适应，渐渐体会出一些好处。从居住和生活来看，香港是个好地方。

好处之一，紧凑。在香港岛上，随便挑个地方，出门走路十分钟之内，吃喝嫖赌抽，洗衣取钱买报纸交电话费宽带费都能办了，而且还有两个以上的选择。北京的皇气王道造成居住的不便，长安街有五十多米宽，即使是横穿马路到对面买个酱油，走路十分钟也不够。

好处之二，丰富。从上环到中环到湾仔，走路不到半个小时，你要吃哪国的东西，都能找到地道的馆子，日本串烧南蛮亭，川菜满江红，还有名字我不认得的黎巴嫩菜馆和摩洛哥菜馆。你要看哪国的书刊杂志，基本都能买到，中环的两个三联书店不比北京和上海的小，PAGE ONE有当期的What Hi-Fi，大业文物书店里，因为有台湾、香港本地以及海外的出版物，文物书的种类比北京文物书店以及琉璃厂海王邨邃雅斋还多得多。湾仔电脑城和时代广场的电脑、PDA和音响器材，新货上架飞快。日本货上市比日本当地晚不过一个月，但是会比美国市场早三个月，美国货上市比美国当地晚不过一个月，但是会比日本市场早三个月。如果想暂时离开闹市，走路十五分钟，就可以爬太平山。山保护得很好，之于香港就好像中央公园之于纽约。反方向走路十分钟，就是海，海边有干净的椅子，基本上没有摆摊看手相的假和尚,摆摊套圈射击的三轮车,摆摊卖发光塑料手镯的小姑娘。

好处之三,成熟。总体印象,这是个诚实而有效率的城市,从政府到小民,做事的出发点都是与人方便与己方便。地方脏了,有人打扫,流程不顺,政府调整。上海和北京即使在硬件上能在十年内赶上,我不指望,软件上能在我活着的时候赶上。香港市民们不崇尚文化和思想,崇尚实用知识和技术技能,头脑简单地挣钱,头脑简单地休息,饿了吃,困了睡,激素水平高了去深圳。市民们把人类简单地分为两类,有钱的和没钱的。他们衷心地给所有他们认为有钱的人最为友善的态度。出于职业训练,他们也尽量给他们认为没有钱的人尽量友善的态度。香港人比上海人简单。上海人把人类分为四类,外国白人、外国有色人、上海人和外地人。外地人再有钱,他们都不给好脸色。多数城市的人,没有上海人复杂,比如北京人也只把人类分成两类:牛逼和傻逼,再比如韩国人也只把人类分成两类:男人和女人。

东西虽好,还要看价钱。香港地方不错,但是楼价吓人。即使现在的楼价已经普遍比最高点跌了一半,比较类似的地段,香港的楼价还是高出北京、上海五到八倍。

认识一个在某大投资银行做地产行业分析的大姐大,理着刘胡兰式的齐耳短发,戴着瞿秋白式的黑边眼镜,香港本地人,连续几年被评为地产分析的第一人,在香港十多年,一尺房子都没买。认识她的人说,如果她今天在香港买了房子,第二天香港的楼市就会涨百分之十。我问她,从长远看,比如十年,香港和北京上海的房地产合理差价应该是多少。我没做计算,随便掂量一下香港的好处,我的心理预期答案是二到三倍。大姐大想也不想:"如果说十年,至多百分之五十,不应该再多了。""现在的差价是五到八倍啊!"大姐大想也不想:"北京上海会慢慢涨,香港会跌很多。"

我打电话给老妈,敌人火力太猛,香港楼价太高,强攻有风险,不如先去欧洲看看,比如匈牙利,成吉思汗最强盛的时候,匈牙利也是蒙古人的地盘,可以盖蒙古包和地震棚子。

旧富香港

我所在咨询公司的大佬，不到五十，须发皆白，说，在香港做了二十多年咨询，每周平均干七十个小时，需要休息半年，检点岁月，等等自己的魂魄追赶上自己的身体，看看自己会不会被回忆噎着。我问去哪里休息，他说去澳洲，那里和香港完全不同，天高地迥，渺无人烟。我说，好啊，离开香港前，一起吃个饭吧。

为了给大佬留下美好的印象，秘书建议去九龙那边洲际酒店二楼的一个叫勺子（Spoon）的餐厅吃法国菜，落地玻璃窗，窗外就是海，海的对面就是维多利亚港。晚上七点半开吃，景色比菜强很多，菜的外在气质比内在味道强很多，基本就是给眼睛吃的。从落地玻璃窗向港岛望去，太平山北面，从东至西，沿着的狭长山坡和填海区，种满了高楼：国际金融中心二期、一期，交易广场，中银大厦，长江中心，太古广场等等，看上去比背景里的太平山还高。天色已经暗了，海水如青玉，眼睛还分辨得出起伏荡漾和半透明感，太平山如墨玉，各个高楼的灯光都亮了，颜色不一，都是晶亮闪烁，仿佛嵌在墨玉山子上的各色宝石珠钻。从九龙天星码头，轮渡频繁地开往港岛上的中环码头，轮渡上灯火也亮着，仿佛给墨玉山子锦上添花而去的散碎珠子。

　　在我的强烈要求下，大佬坐在面朝海景的座位上，我面冲他坐着，八点半钟，维多利亚港开始放焰火。墨玉山子仿佛承载不住这许多晶亮闪烁的宝石珠钻，开始向天空喷涌，然后慢慢在重力的作用下洒落，夜空在几秒钟之间变得同样晶亮闪烁起来。大佬强烈要求我和他同坐到面朝维多利亚港的座位上，焰火更盛了，周围所有人都放下刀叉，停止咀嚼，我发现基本都是两两成双的情侣，由于祖先杂交的历史差异，眼睛颜色不一，在焰火的映照下都晶亮闪烁着，仿佛各色宝石珠钻。我的手机震动，收到短信：今夕七夕，你这个没心没肺的在干什么？不准喝酒，不准目露邪光，看到漂亮姑娘不准随便搭讪。夜色更沉，餐厅的灯光昏暗，我们周围成双成对的小男女开始挨挨擦擦，脖颈开始像游水禽类一样相互缠绕盘旋。我和大佬正襟危坐，遥望窗外，窗外的景色真美。

　　"今天是七夕，国产情人节，要不是咱们年纪相差悬殊，估计会被周围人当成同志。"我说，帮助不懂中文的大佬理解，周围为什么这么多成对的小男女，焰火起时，为什么小男女们都努力伸长脖子变成了游禽。

　　"噢。"大佬继续看着窗外，"香港的确是个美丽的城市，只是在衰落。"

　　"看不出啊，这么中看不中吃的餐馆，这么贵，还这么多人，几乎满座了。"

　　"上世纪九十年代初，这家餐馆靠窗的这种位置要提前一个月预订，每天晚上会翻三次台。"

　　仔细想来，大佬说的不错，香港的确富过，暴富、大富过，城市奢华、精致、高效、有序。

港岛就是南中国海里一座冒出海平面的小山。能抬捣出来的地方，梯田一样，都种上了高楼。能通过环境评估和平息市民反对的时候，都填了海，然后再种上高楼。港岛和九龙之间，已经不是海了，是条不能算很宽的河，坐游船出海，当地不叫出海，叫游船河。再努努力，再填填海，九龙和香港就接上了，河变成地下河，人和车也不用坐船或者通过隧道往来了。从新中国解放以后到改革开放之前，三十年间，偌大一个中国，只有香港一个对外的通道，即使再挤，热钱游资各方势力也要往这个弹丸之地继续挤过来，在皇后大道上有个撒尿刷牙放把凳子的地方，仿佛一个正青春的少年，只允许在鼻尖一平方厘米的地方长青春痘，鼻尖这一平方厘米，想不珠钻般熟糯灿烂，也难。也就是这种历史条件下的独特性，再加上大英帝国百年殖民造就的法制和说英文的劳动力群体，在三十年间，把香港从一个英国的小兵营和补给站，推挤成为世界第一大港口，第三大金融中心，地皮第三昂贵的大都市。

由于地皮难得，所以用心建设。建成的高楼仿佛德国造的万宝龙笔，细细观察，每个细节都在不露声色中被精确地照顾到，每一寸土地都被顶尖的建筑师用当时最好的技术和工艺压榨出最大的功效。由于高楼密集，高楼之间游廊相连，人车全部分流，百分之八十的情况下，商务会晤步行可达无须坐车，打雷下雨不用打伞。因为密集，常常能撞见名人，感觉活在沸腾的生活中。在不到一年的时间里，我在机场赶飞机撞到两次周星驰，戴副墨镜，麻布衣衫，身体瘦小如去了毛的柴鸡，表情呈现早期抑郁症面容。我在酒店吃早茶或者中饭两次撞到成龙，就坐在隔壁，和几个老外在谈事儿，白色便西装，米色便西裤，五十男人一枝花。我在汇丰银行总部楼下的自动取款机上取点现金，瞥见何鸿燊车牌是HK1的罗尔斯罗伊斯在旁边的小路右转，开向皇后大道中，他坐在司机的后面，右手边应该是保镖，保镖戴着金丝眼镜，脸上没有横肉，眉宇间竟然还有些温文。离汇丰银行总部大楼几十米之外，就是东方文华酒店，那里有好吃的蛋糕和巧克力，那年愚人节的那个晚上，我想，一定有不少人看到像落花一样从酒店坠下的张国荣。尽管高楼密不透风，但是供人民舒展身心的保留地不容侵犯。高楼之间，依山就势，是公众免费运动场和盆景一样的街心花园和儿童乐园。坐出租车五分钟，保护完整设施完善的太平山就敞开三四个登山口等人攀爬出汗削减肚腩，山路树大蔽日，偶尔见得到小兽出没。坐地铁三四站，就是铜锣湾的游艇码头，坐游艇出去不到半小时，就是渺无人烟的离岛和浩瀚的太平洋。这种密集下的方便，在世界其他任何地方，我都没有看到。

　　人民有了些钱，吃喝嫖赌。温饱之后，再有些钱，买房买车，香港街上的奔驰车和上海街头的桑塔纳一样普遍。一个人有两辆车了，再有些钱，买艺术品买古董。尽管已非盛时，克里斯蒂在港岛会展中心开秋季拍卖会的预展，依旧人流如织，小老头们表情儒雅，稀疏的白发梳理得一丝不乱，小老太太们施点点淡妆，肌肉萎缩了的手腕上，老坑的翡翠镯子，水足色浓，映得那只戴镯子的整个小手都是隐隐的翠色。无须交任何押金或者提供任何证件，每个人都可以对任何一件拍卖品上手，即使是康熙的羊脂白玉国玺，也可以请服务生从玻璃柜中拿出来，然后放自己的手在玉玺的雕龙上面，眼睛微闭，隐约感到康熙的手刚才还放在上面，余温尚在。皇后大道中靠南一点，是荷里活道。两千来米长的小街道，两旁全是古董店，书画瓷器家具玉器。看店的男性居多，年岁不一，三十来岁到七十多岁，同样欺生，同样骗人没商量。古玩这个行当自古不禁骗，于是恍惚间这条街就是两千米的江湖，每个店主其实都是使剑的高手，从柜台里拿出来的每

247

件东西都是一着剑式，等着看你破解或者出血。过过招，挑出几件足以乱真的新工老玉，说"这些不对"，盘盘道，说，在北京古玩城，我常常和河北小崔、广东阿蔡以及河南大张喝茶，店主的杀气渐渐息偃，给我泡一杯陈年的普洱，问我是自己做生意还是收藏。店主的眼睛看一眼不远处的太平山，说，手上走过太多的好东西啊，去了台湾，去了美国和欧洲，去了这太平山的半山和山顶的豪宅，"有时候觉得对不起祖宗，但是又想，这里面有运命和劫数，留在国内，真的一定比放到大都会博物馆好吗？留在国内，躲得过'文革'吗？躲得过贪官吗？"我去过一个老收藏家在半山的公寓，殖民政府早期给政府官员盖的房子，一点没有香港盖楼常见的尖酸局促，反而有些北京西城各个部委老房子的气度。公寓的外表破旧，但是高大干净，草木浓密，进屋，老收藏家穿个棉布圆领衫大裤衩子，关上客厅大灯，打开四周射灯，屋子就成了一间博物馆：光顾景舟仿时大彬的紫砂壶就有十几把，光商代圆雕的玉兽和玉人就有四五个，玉种、刀工、沁色都好，纽约大都会博物馆的中国厅里，这种成色的东西也只有一件。老人说，玩古的最高境界不是拥有，而是暂得，玩古的人都是出纳，经手而已，所以有重宝不如有好眼力，眼睛看到了心里微微醉了就好了。老人还说，缘分未到，还有些好东西存在汇丰银行总部地下室的保险柜里，这次看不到了。

大富之后，香港纵容性灵。六百万人口的香港，写字的有李碧华，单就文字而论，十三亿人口的大陆，有几个比她更灵动妖娆？拍电影的有王晶，累了一天，谁会舍弃大俗大雅的王晶而去看假艺术真媚俗的张艺谋？谁写中国现代文化史能不提周星驰？还有一双大眼睛桃花盈眶的梁朝伟，一身全是戏和绯闻的黄秋生，还有王家卫，他在《2046》一部片子里安排梁朝伟摸到了我所有想摸的女影星。三十年大富，不足以让香港产生大师，王晶们少年时还只是庙街恶男还一点不知道有诗三百，但是足以让香港产生对艺术的大度，对天才少年们的纵容。

二十世纪八十年代初，改革开放之后，香港不再是唯一，开始衰落。

香港实在太挤了，我走在港岛的便道上，如果赶时间，想走得快些，常常有在北京二环以里开了一辆大切诺基的感觉，必须闪转腾挪，左突右冲，口中大声唠叨着"莫该（广东话对不起的意思），莫该"，碎步急行。有一次，我走过香港的某个便道，便道旁的一家干货海鲜店正支起竹竿脚手架，修葺店面。我拖着一个上飞机不用托运的小拉杆箱，迎面走来一个大汉，我说"莫该"，他或许没听懂，反正没侧身给我让出一点空隙，我只能在运动中闪身，拉杆箱的轮子扫到脚手架的竹竿，头上一个声音忽然狂叫"小心啊，要搞死人啊"，我抬头，一个老头双手双腿死死抱着竹竿，拉杆箱过处，竹竿摇动，老头摇动，仿佛过分成熟的要马上掉下来的人参果。

香港实在太贵了，同样的东来顺，深圳蛇口六十个品种任点任食酒水全包，午餐二十八元一位，香港九龙二百八一位，勉强吃个八成饱。站在南山上看蛇口港，眼前是一排排崭新的岸基桥吊。距离集装箱生成的珠三角工业腹地近，不用通过深圳和香港之间的关口，装卸费率低一半，深圳港超过香港港，只是一个时间问题。好几个香港本地人的父母退休之后，办妥加拿大移民之后，决定移民深圳。加拿大除了冷还是冷，除了春天在自家院子里种点大麻留到冬天慢慢抽，还能有其他什么精神生活啊？在香港买碗粥的钱，在深圳点两菜一汤，在香港按摩一个脚趾的钱，在深圳做足三个钟送生果盘。荷里活道上古玩店老板说，如今，香港收藏家团伙敏求精舍的成员垂暮凋零，又不见新人成长，现在最大的古玩市场在北京，最强的购买力在北京和浙江，不如去北京开家分店，留着香港老店，专卖鬼佬仿制工艺品，和北京新店还能有个照应，偶尔洗洗灰钱。

　　晚上九点钟，维多利亚港的焰火完毕，我和大佬离开那个叫勺子的法国餐厅，坐轮渡回港岛，我说，尽管衰落，香港还是有完备的法律和秩序，深圳有砍手帮，广州流行飞车党，两个烂仔一辆摩托，一个人负责开车和砍断皮包带子，另一个人负责牵走皮包，警方最近科技创新，推出类似宋代岳家军的钩连枪和清代雍正皇帝的血滴子，不知道能不能制服飞车党。我说，这样吧，老大，你反正也积攒了一些钱财，也不收集古董，也不包养二奶，不如买个太平山顶的豪宅，你去澳洲思考人生的时候，我帮你看房子，不收费用。

桃源古巴

从小到大，想不明白的事儿挺多，在不同的时候，为不同的事情，动心忍性。

重要的举例：比如为什么收音机打开后能听到几十公里以外的声音？在少年宫，我买了一本《如何组装晶体管收音机》和一袋子预先配好的电子元件，像把萝卜白菜葱姜蒜统统倒进铁锅一样，我按照说明将电子元件全整进翠绿的塑料外壳，然后装上两节二号电池，拧开，塑料盒子里居然响了。我还是不知道为什么，我只是在过程中烫伤了左手，学会了电焊。

再比如为什么姑娘好看？在高中，我坐在后排看新年晚会上的女生的日本独舞，她穿了一件大红的日本和服，手里的黄纸伞扭来摆去，那个和服一定是化纤类的劣等货，灯光透过大红，看见里面穿着背心儿的身子。我感觉舞台上的大红塑料花突然全都发出香味，我感觉我的眼睛忽然不近视了，我感觉我黄白色的大脑皮层波澜起伏仿佛一坨酒精炉子上煮着的黄白色的方便面饼。为什么啊，这里面一定有阴谋。

再比如时间。为什么时间可以如此浅薄？一脚迈过五年，一指捅破十年，一夜之间售票员阿姨管我叫叔叔，一夜之间跳日本舞的女同学有了能走路的孩子有了和街道王大妈接近的慈祥的表情。为什么时间又可以如此顽固？我闭上眼睛，想起那个大红，大脑皮层还能在瞬间记起，如煮开了的方便面一样滋滋作响。

这些没答案的事儿，不管重要不重要，后来都被忘得干净，仿佛怕影响自己的人生观世界观，耽误我利国利民。但是世界上存在像古巴这样的地方，仿佛人世的化石，时间在这些地方或逆转或停滞或流逝的速率极其缓慢，事物的轻重缓急和你以前安排的秩序完全不同，逼你重新思考那些没答案的问题：比如如何对付时间？再比如一生何求？

古巴首都哈瓦那早在1516年就被哥伦布及其后人"发现"，从那以后，一直是西班牙"探索"新世界的枢纽。四五百年间，十六世纪的、十七世纪的、十八世纪的，各式当时时髦的欧洲建筑在城市里自由生长，相互侵占，自然颓败，层层叠叠仿佛河南二里头夏文化层上面有二里岗商文化层。老房子绵延十几平方公里，是几十个上海新天地，但是没有一间房子是新天地一样的假古董，所有的细节除了岁月敲打的痕迹之外，都是原汁原味儿。老城里有几十个博物馆，建议买通票，至少看三天，其中至少十几个不看要后悔，比如一个叫做"对敌斗争博物馆"，详细教你美帝国主义尝试杀死卡斯特罗的各种手段，听说有个美国人看了一整天，后来学以致用，先后杀了他三任老婆而逍遥法外。还有一个叫做"总督府博物馆"，贿赂工作人员四分之一元外汇券（与美金等价）或一瓶风油精或两盒龙虎牌清凉油，可以让你摸一摸十七世纪西班牙总督用过的抽水马桶：和江浙大款用的类似，宽大舒适，镶金包银，二楼大便，水冲到一楼去。老城区里，除了博物馆就是餐馆，房子都一样古老，窗玻璃都一样的哈瓦那蓝，饭菜都一样难吃，但是小乐队的老人声音如男童般清亮，唱起被《花样年华》抄袭的那首《或许，或许》，街上的姑娘穿着粉色紧身裤和粉色抹胸走过，腿长腰仄，屁股和乳房毫不费力地对抗地球吸引力高高翘起，引导你的灵魂飞升，饭菜的重要性忽然变得很低。

听说在1959年革命之前，当时的腐朽政府计划全部推平这个老城区，然后沿着海岸盖起全新的高层酒店、赌场和妓院，那时候美国还是《美国往事》里描述的时代，还在禁酒，连续几年，全美年度黑帮大会，都在哈瓦那召开，对这个城市有大量的吃喝嫖赌抽的需要。1959年革命之后，新政府不喜欢吃喝嫖赌抽，而且闭关锁国，没钱对老城动手，又对老东西有起码的品位和对时间有起码的敬畏，距离老城一段距离，修了新政府的办公区。这个老城区，1982年被联合国定为人类文化遗产。我在老城区海明威常睡觉的"两世界酒店"喝甘蔗酿的朗姆酒，痴想，这四五百年，相当于中国的晚明和大清，如果1949年解放的时候，北京不拆城墙，二环路以内不动，在现在望京的所在建新的政府办公区，把中南海、北海、什刹海围成一个像纽约中央公园一样的巨大城中公园，那么我们北京的旧城，该是一种怎样的美丽？和现在哈瓦那的，应该有一拼。

古巴其他的小城比哈瓦那人少很多，但是一样旧旧的，慢慢的，干干净净的。城市中间都有一个广场，中心是花园，野狗晃荡，没人吃狗肉也没多少人有富裕的粮食养狗。间或有标语，"不革命毋宁死"，"社会主义好，资本主义糟"，"五英雄归来"。古巴最近被美国查获了五个间谍，他们在古巴被称为五个英雄，逢年过节人民们就到广场集会、游行、唱歌、跳舞、泡妞，控诉美帝国主义，呼唤五个英雄归来。广场周围是博物馆或是学校和旅游商店，卖给游客切格瓦拉胡须飞扬睫毛修长的妖媚照片，HAVANA CLUB朗姆酒和COHIBA雪茄。一盒COHIBA SIGLO V，五支，六十外汇券，是普通古巴人三四个月的工资。给古巴老百姓开的商店里，货架上基本是空的，货一上就空，用不到库存管理。扫帚和墩布和水桶卖得最快，所有古巴人都爱清洁，都在阳台上养鲜艳的花朵。

小城里，老百姓住的房子一般都几百年了，革命以后就没修葺过，街道一般都有几百年了，革命以后基本就没修葺过，蓝天和阳光和一英里外的海滩也都有好些年了，海蓝得发黑，时常有姑娘在海滩的蓝天下晒太阳，太阳出来，就脱光上衣，太阳落下，就披上上衣，革命前和革命后没什么两样。饭桌上，大家吃得都一样，红豆饭和蔬菜色拉，过节或是来了客人，有烤猪肉和小龙虾。街上，老人晒太阳，一般都八九十岁了，抽着自己卷的雪茄，混吃等死，一脸幸福。我要是那么大岁数了，守着出产世界上最好烟草的土地，我就试试种植大麻，卷进雪茄，抽不完的卖到加拿大。汽车烧劣质汽油冒黑烟，一般都五六十岁了，三十年代的罗尔斯罗伊斯，四十年代的奔驰，五十年代的福特，撞坏一辆，这世界上就少一辆，和中国四川卧龙的大熊猫一样。公共交通不发达，出去办事儿，基本靠当街截车，所以一般一上午只约一件事儿，迟到一两个小时，没人奇怪。脸蛋儿和胳膊腿长得不好的，不容易拦到车，迟到三四个小时，也没人奇怪。而姑娘和小伙子是新鲜的，十五岁行成年礼，十六七岁，多数已经记不清自己交往过多少个异性朋友了，眼睛全都清澈闪亮，听到古巴音乐，随时随地扭起天生的魔鬼身体，跳起SALSA舞，说今天晚上镇上有新年狂欢，同去同去，说除了海边就是舞会好玩了。那个新年晚会我去了，就一个破十字路口，一个破四喇叭手提音响放在路口中央，音乐放到最大，几箱劣质啤酒，早就卖光了，一千个盛装的漂亮姑娘和小伙儿，堵塞了三四条街，跳到早上四五点。几年前，沿着八十号高速公路，我从美国的东部开到西部，再开回来，一个月里，遇到的漂亮姑娘和小伙子，都没我在古巴小镇上那一个晚上遇见的多。

　　卡斯特罗今年七十九岁了，早几年就戒了烟，最近还当众晕倒，他的医生说共产主义一定能实现，卡斯特罗至少活到一百三。好些人开始谈论，卡斯特罗身后如何。没人能够万岁，我知道，卡斯特罗之后，一定有更多的古巴人抽得起COHIBA，喝上HAVANA CLUB朗姆酒，但是，我不知道，旧城的博物馆和老房子会不会被改做吃喝嫖赌抽，古巴人开上2005年款的宝马7系列一上午完成五个商务会晤是不是会觉得真的很快乐。

择一城而终老

　　市场经济，更要规划。国家每五年根据国际国内形势做一个长期规划，企业每年滚动做下个五年的规划。战略要人力资源配合，所以经理们要求员工思考职业生涯，一眼看到生涯的尽头。隔着空啤酒瓶子排成的篱笆，遥望酒桌对面，最近常常听到三十岁的人遥想如何在四十岁退休，说从小习惯了"饶天下一先"早别人一步原来是早恋早泄早孕早产现在想早些退隐江湖，说人生苦短不能每小时都跑百米眼也花了脊椎也僵硬了小鸡鸡也渐渐温柔清秀了，说要赶在父母的牙齿只能啃面糊脑袋只剩糨糊之前有大把时间和他们打棋谱喝夜老酒炖五花肉教孙子背"林深人不知，明月来相照"，说要选个城市盖个房子混吃等死终老残生。

　　如果腰缠大把的时间，让我选择一个城市终老，这个城市一定要丰富。生命太短，最没有意义的就是不情愿的重复，所以人生第一要义不是天天幸福，而是不烦，喜怒哀思悲恐惊，酸甜苦辣咸麻涩鲜，都是人生经验，整天笑的是傻强，傻强们长的都一样，他们的十八号染色体比常人多一根。生物教授说，衡量一个生态环境，最重要的是物种多样性。如果天下只有一种水稻，这种水稻的天敌一出现，全人类就没食儿吃了；如果天下的姑娘全是苏小小，小鸟依人，小奶迎风，湖南卫视说杨门不男不女的女将才是超级美女，全人类就绝种了。

　　一个城市的丰富程度，有四个衡量角度。第一是时间，时间上的丰富是指建筑的历史跨度，同一个城市里，方圆十几里，有六世达赖几百年前坐看美女如月的酒馆，有昨天才为青藏线建成的火车站和洗手间；第二是空间，空间的丰富是指建筑的多态性。一个城市，形式上，古今中外，不要全部大屋顶建筑外墙上贴石膏花瓶，也不要全是后现代极简主义，一门一窗一墙。功能上，吃喝嫖赌，不要全是食街水煮鱼，也不要全是天上人间洗浴桑拿；第三是时间上空间的集中度，要有细密的城市路网，让人能在最短的时间到达最丰富的空间，小便大酒，寄情人卡买猪头肉，敲寡妇门挖绝户坟，五讲四美三热爱，走路十几分钟或者最多骑车半个小时内全都解决；第四是人，人的丰富是指五胡杂处，万邦来朝，伊丽莎白对默罕默德说，大哥，我不在中石油当前台了，让我和你混吧。劳模和人渣，清华理科生和地铁歌手，刘胡兰和刘亦菲，刘翔和刘罗锅，百花齐放，万紫千红。

　　如果按这样的标准筛选城市，上海不理想。虽然路网密集，生活精致方便，新长出的建筑也算有品位，金茂凯悦像个宝塔，上海博物馆像个铜镜，外滩中心像朵莲花，但是年头太短，外滩就像纽约几百条街道中的半条，基本上都是上个世纪初的东西，清中期都够不上。人也太一样，一样上班勤勤恳恳为老板打工，一样下班勤勤恳恳陪老婆，价值体系完整稳定，芙蓉姐姐之类，三秒钟就会被全体上海人归类为脑子坏掉了，然后不再提起，所以即使再闹几次"文革"，三周之后，上海人民还是毛蟹年糕梧桐旗袍。

　　香港不理想。殖民地时候的妓寮西港城就在国际金融中心（IFC）

二期百米之外，英国无赖小伙子们带着洋枪在这里遇见苏丝黄，现在不做旧用，职业妇女产业由于劳动力成本等因素，转移到深圳东莞去了，每晚楼上有小乐队伴奏吃西餐跳拉丁舞，楼下卖电车模型和各种甜品，楼下学生仔吃"榴莲忘返"，楼上跳拉丁舞的型男型女能闻到。西港城西十五米，招商局华泰餐厅，每周四有水饺，皮薄馅大，华南第一，二十五块港纸管够。东五十米，港澳码头，一个小时快船到澳门，赌场强过拉斯维加斯，美金港纸换成塑料圆片片，圆片片扔给红桃方片勾疙瘩K叉。百米外国际金融中心二期，初看像电动鼻毛刀，再看像玉米，那里坐上地铁，三十分钟到机场，不到两个小时飞到吴哥窟，四百八十寺，莲花粉白，僧衣赭黄。但是，还是人，我不认识王晶、周星驰，不认识黄秋生、李碧华，不知道他们最早见到少年时代的邱淑贞，心里是什么感觉。

纽约不错。也够老，NYSE最早开盘的时候，满族人才刚刚在北京城站稳脚跟，还没有见过纸质钞票。那么多那么好的博物馆，让我不再痛心疾首中国文物流失海外，在这里，先人祭天的礼器至少不会担心被"文革"灭顶，不再担心被国家博物馆脑子坏掉的管理干部同国产美人豹跑车陈列在一起。纽约绝对五胡杂处，除了Harlem的黑人是当地人，其他都是外地的。道德宽泛，人不和鱼或者海藻乱搞，就不是新闻。但是，吃得太差了，一个"五粮液"川菜馆，一道不麻不辣的鱼就算纽约的头牌了。

古巴不错。够老，十六世纪初，就是海盗巢穴，到二十世纪中还是美国黑帮年度工作大会的长期地点。解放之后，古巴革命党们内心纯净，内心没邪恶能量口袋里没钱破四旧，十几平方公里的老城，从东走到西，三十分钟走过五百年。烟有COHIBA，酒有HAVANA CLUB朗姆酒，绕岛一周，都是深蓝色的加勒比海，在岛上晃悠，到处都是腿长腰细的漂亮姑娘。但是，土地公有，住房公有，想买房子也没人卖给你，而且，卡斯特罗在欧洲医药和中国针灸辅佐下，身体真的还很好。

还是北京。最近三次回北京，没有一次见到蓝天。沙尘暴里，坐在啤酒杯子里，我问一个老哥哥，会迁都吗？老哥哥说，我们有生之年，可能性不大吧。我问，北京会变成沙漠吗？他说，我们有生之年，可能性不大吧。所以，还是回北京。后海附近整个四合院，不太现实。中等规模的四合院，占地五六百平米，基本住了八九户人，不找三四个打手，没上千万，请不走。砖木结构，两小孩儿墙根撒泡尿就塌了，抹平了重盖，周围二三十个老头老太太找你麻烦。还是在城乡接合部找一块农民宅基地，自己人设计，自己人当工头，自己人画画补墙，我自己住。我问，只租二十年，二十年之后怎么办？老哥哥说，活这么大，我明白一件事，十年之外的事情，不想。

北京虽然已经不适合人类居住，但是还适合我思考，还能让我混吃等死，灵魂不太烦闷。

浩荡北京

我第一次感到北京浩浩荡荡、了无际涯是在小学二年级。我生在北京东郊一个叫垂杨柳的地方,那里我从来没有见到过一棵飘拂着魏晋风度和晚唐诗意的垂柳,杨树爬满一种叫洋剌子的虫子,槐树坠满一种叫吊死鬼的虫子,满街游走着工人阶级,衣着灰暗眼大漏光,怎么看怎么不像这个国家的主人。苦夏夜,男的工人阶级赤裸上身,女的工人阶级大背心不戴奶罩,为了省电,关掉家里噪音巨大的风扇,或坐或站在杨树槐树周围,毫不在意洋剌子和吊死鬼的存在。我每天走三百五十四步到垂杨柳中心小学上学,走三百五十四步回家吃饭。我小学二年级的一天,学校组织去人民印刷机械厂礼堂看《哪吒闹海》,从垂杨柳中街一直走到垂杨柳南街的最东端,作为小朋友的我们俩俩手拉手走,整整一千零三步,真是遥远,我的手被拉得酸痛。电影散场,我站在垂杨柳南街上看旁边的东三环南路,当时还没有任何立交桥,好大一条河流啊,一辆辆飞奔而过的212吉普、130卡车都是一团团的河水,河的对面是人民印刷机械厂的厂房,像个遥远的另外的城市。海要比这大河更凶猛,我想,龙王真是可恶,哪吒的脑子也一定被驴后蹄子踢了,怎么能闹得过海。我长大了,仰面躺下,成为一条木船,阳具竖起,内裤就是风帆,西风吹起,我就扬帆而去,横渡这大河,脱离北京。

1. 此城何城?

地理书上说:"距今一亿多年前的中生代晚期,在中国东部发生了一场强烈的造山运动,火山喷发、地壳变动、山地隆起,这就是著名的'燕山运动'。"运动之后的北京地区,三面环山,中间是平原,向东南开敞,如同一个海湾,北京及其周围可以形象地称为"北京湾"。漠北的野蛮民族打到这里,冬天的时候,觉得北风还能如刀,残阳还能如血,认定这里是他们可以用一定形式定居下来,而又不会渐渐失去剽悍兽性和简强判断力的最南端。再往南,过了淮河,杨柳岸的暖风就会吹融刀剑,醉泥螺和黄鱼鲞就会催生骑兵肚皮的赘肉,口小如樱桃奶小如核桃的女人就会柔软各个部落首领的身心。江南的汉人也逐渐悟出了中国历史上的一个重要规律:北京东南的所谓中原无险可守,北方异族入侵,一失北京,中原难保,江山难保,不在北方建立都城,就是自行加速政权的灭亡,于是乎安险中求,明成祖朱棣不贪恋江南的暖风、醉泥螺以及小奶美人,迁都北京,在沙尘暴中真切感受塞北的威胁,在威胁中时刻警惕着。

北京的雏形是蒙古人在元朝奠定的,至今不变,三点突出:

一、四四方方。确立中轴线的设计,"左祖右社,面朝后市",在大城之内,一条大马路与中轴线垂直相交,马路以北是中央部分,中央部分的前方是朝廷,后方是市场,左面是太庙,右面是社稷坛,清清楚楚。这条大马路,经过历代自大狂和虚无的民族主义者反复修建和拓展,形成了现今毫无人性的长安街。最宽处近百米,基本就是给坦克行驶和战斗机起落用的,心脏不好的小老太太小老大爷横过马路,先舌下含一片硝酸甘油。在上海或者香港等等依海而建的城市里，一百米的距离，已经做了头修了脚洗了衣吃了饭买了菜钉了鞋寄了信会了朋友。城市规划院的一任老院长跟我说，别笑，为了阅兵的首长们站在天安门上，一抬头就能舒服地看到新式的战斗机从天空飞过，长安街两边，即使是在东三环附近，建筑物也要限高200米。二〇〇〇年左右，开发商开始一起炒CBD的概念，朴实的大北窑桥，也更名为国贸桥，所有附近的楼盘都夸耀长安街和东三环形成的"金十字"，我认识的一个法国设计师也被请来做CBD的整体规划和功能定位，他老实跟我说，这哪里是什么金十字，简直就是他妈的天堑，你们扒了美丽的城墙，修了二环三环四环五环六环，在飞机上看就是城市的一道道紧箍。

二、正南正北。四方的元大都，街道笔直，正南正北，正西正东。最近，花市斜街等唯一几条歪道也因为城市建设被消灭了，只剩后海附近的烟袋斜街，依湖成形，还在。蒙古人数学不好，如果打到北京的是哥伦布，建完这个四四方方正南正北的城池，南北走向的，都叫街，东西走向的，都叫道，街道统统编号，一二三四五，甲乙丙丁戊。如果那样，到了现在，打车赴局，和出租师傅就省了很多口舌。蒙古人不是哥伦布，所以现在去个没去过的地方，要先问清楚附近的地标建筑。上个世纪八十年代末，手机还基本用于军事，装固定电话还要贿赂电信局员工要排队等待要缴五千元押金，我的一个大哥开始做生意，和杨树下槐树下的工人阶级说，要不要钢材，要不要火车车皮，要不要苏联造的客运飞机。在现在看，大哥当时的名片依旧实用：办公住址，102中学西南五十米垂杨柳西区二楼，电话，6787864让小玲子妈妈叫一下。

三、亲水建城。弃金中都的小家子气的莲花池水系，以上通下达的高粱河水系为设计中心，挖了通达江南的大运河，运河北边的终点就是什刹海。于是北京有了水喝，有了水景，水路运来的醉泥螺还基本新鲜，吃了不会闹肚子，运来的小奶美人依旧眼神忧郁，从头发看到脚尖，耳边就响起《声声慢》。什刹海、北海、中南海连接成片，对一个城市而言，极其奢侈。纽约曼哈顿中央公园以及旧金山金门大桥公园的设计都是由此产生灵感，所以华尔街上的银行家今天才有舒展水景看，不至于大批量疯掉，旧金山的同性恋才能在光天化日下在公园的大草地上手拉手，走啊走，心平气和仿佛魏晋时候号称BAMBOO　SEVEN的七个男人。那个法国设计师跟我说，新中国后，北京城最大的遗憾不是拆了城墙，而是没把什刹海北海中南海合在一起，建个开放式的大公园，给作为国家主人的工人阶级颐养心灵。

这个法国人回国之前的一天，北京来了沙尘暴，宇宙洪荒，天地间一片混沌赤黄，法国人兴奋地在长安街上行走，问我说，这里是不是传说中的火星？我想起很久远的一天，我陪我的初恋在中山音乐堂听管风琴，出来的时候也是沙尘暴，所有的星星都没了，所有的路灯看上去都像星星。我们沿着长安街一直走到国贸，然后再沿着东三环一直走到团结湖，我的初恋表情坚定头发飞扬，她笑了，我看到街边的玉兰花开了，她唱《晚霞中的红蜻蜓》，我觉得比鸟叫好听多了。我问她，你是不是来自火星？我的初恋说："我真的怀疑你是不是北京孩子，要夸我长得像天仙，就眼睛看着我，舌头伸直，直截了当地说，不用转弯抹角地说什么月亮，什么火星。"

2. 今夕何夕？

北京最不缺的是历史，二〇〇〇年前联合国评定的世界文化遗产，中国一共十九个，北京占了六个。而且不像西安等等过早辉煌过的城市，北京所有的历史都是鲜活的或者根本没有死过。我飞快地去过一次西安，秦始皇陵远看像景山，但是不是公园，不让攀爬，华清池仿佛某个民营企业在后院自己凑合挖的澡堂子。十年前，爬黄花城野长城，农民兄弟一块钱卖我一根玉米，十块钱卖我一块五百年历史的明代长城城砖。春天的时候，和姑娘去天坛，在墙根下拣荠菜，摘嫩枸杞叶子，中午配着鸡蛋炒，煮清汤。风吹过来，没有尘土，也没有杨花柳絮，我眼看着，一根枯死的枝杈从巨大的柏树上摇落，柏树腰长得那么粗，也应该是三四百年的生命了。和所谓艺术家们吃饭，某个饭局上，某个姑娘扎眼，五官嚣张，两眼一抹兽光，似乎非我族类。听熟悉情况的人介绍，这个姑娘有几分之几的满人血统，几分之几的蒙古人血统，妈的妈的妈使用下半身和咸丰皇帝战斗过，如果大清不亡，她会是个格格。二〇〇五年，陕西周原发现四墓道的西周王侯级大墓，打开空空如也。我和几个古董老大开玩笑，拉两车武警封锁东三环北京古玩城的所有出入口，撬开大小所有保险柜和暗门暗锁，脱光古董老大们所有的衣服，搜查所有可以藏东西的所在（包括古董老大身体上的各个孔穴，难保里面没有西汉上等白玉做的整套含蝉鼻塞耳塞肛塞），就会呈现中国二〇〇五年最大的考古发现。

　　历史长当然好，民族可以自豪，可以冲淡眼下很多问题。北京的悠久历史中，最夸张的是周口店北京猿人，五十多万年前的旧石器时代遗址啊，意义重大。几乎所有的新物种都产生于非洲，比如埃博拉病毒和艾滋病。西方学术界认为，除了中国，所有其他原始人类都起源于非洲。这种认可极为难得，河南偃师二里头郑州二里岗都挖了那么多年，西方还是一直不承认夏朝的存在，更不要说三皇五帝，在他们眼里，中华文明凑不到五千年。唯一的一个北京人头盖骨后来在协和医院神秘地消失，一定是日本人干的，仿佛二十世纪六十年代的人没有学好任何一门功课，都是"四人帮"害的。之后好像又找到一些碎骨和牙齿，据见过那个丢了的头盖骨的专家说，一定是同一批人身上的，证据确凿。上世纪六十年代美国登上月球也一定是真的。我做肿瘤研究的时候，也偶尔听说同道做出了非常喜人的科研成果，然后传出动物模型意外跑失或者被游荡的民工杀了吃了，所以需要追加科研经费，重新培养兔子和老鼠，这些应该也是真的。

已经死了的或者快要死了的历史集中起来，活在博物馆。人家送我一本北京博物馆套票，八十元，可以逛上百个博物馆。我心里流淌着口水，幻想着有时间休个无比悠长的假期，和懂明清家具的老大逛紫檀博物馆，和懂书画的老大逛故宫博物院，和懂青铜瓷器玉器的老大逛国家博物馆。一个上海人问，总说北京有文化，这些博物馆，多数北京人连名字都不知道，别说去过了，你一辈子也不一定都会去一遍。我说道理很简单，最奢侈的不是实际享受了多少，而是有享受的权利和自由，所以手机才具备摄像和看电影的功能，所以中年男人才会羡慕皇帝的三宫六院。

我想，就像一把茶壶，茶叶在茶壶里泡过一段时间，即使茶水被喝光了，即使茶叶被倒出来，茶气还是在的。北京是个大茶壶。太多有权的有钱的有性情的人像茶叶似的在北京泡过，即使权没了钱没了性情被耗没了，即使人死了，但是人气还在，仿佛茶气。鬼是没有重量的，我想，死人的人气也不会很沉吧，沙尘暴一样，几十年、几百年、几千年，飘浮在这座城市上空。复杂丰富的城市里，活人也变成鬼，熟悉过的老大，喜欢过的姑娘，我对他们的记忆如同可吸入颗粒物，天空灰蒙蒙的，载我的出租车开过华威桥，一个恍惚，我听见一个老大的声音：仔细看看这个白玉鸡心，拉丝对不对，游丝纹对不对，是西汉的还是宋朝仿造的？你再仔细看看。我听见一个女声在唱："晚霞中的红蜻蜓你在哪里啊，少年时候遇见你，那是哪一天？"

265

3. 彼何人哉？

判断对于一个城市熟悉程度，我有一个自己的标准。比较熟悉就是我知道这个城市里什么地方有好吃的，我知道什么地方的酒又好又便宜。很熟悉就是城市里最好吃的馆子，老板或者老板娘是我的朋友，喝多了有人送我回家或者去医院。极其熟悉：城市里最好吃的馆子，我去了，老板或者老板娘会自己下厨房，炒菜上桌子，老板和我干第一碗酒或者老板娘看着我夹第一口菜，喝到极高，送进医院，急诊室门口有四个以上的医生弟兄等着看我的熊样。

如果这样分类，我极其熟悉的城市，只有北京。

一个上海人较真，在上海成为经济首都之后，说，有了经济实力才能谈得上文化，问，北京是文化首都，凭什么。如果逛一下北京的夜店，听听聊天，了解一下夜店里的人，就很容易明白。北京集中了全中国百分之五十以上顶尖的文学家、画家、雕塑家、音乐家、歌手、地下乐队、演员、摄影师、建筑设计师，走进一个这些人常聚集的去处，随便就看到一个横断面，有的已经成名了，有的还在混，成名的，不一定有才气，但是的确努力，在混的，有的才气浓重，在眼睛里忽明忽暗缭绕盘旋。我看着那些刚出道的才情浓重的人，我知道这些人中，必定有一部分会在某种程度上不朽，尽管这些人现在可能还汗味浓重鼻毛悠长，还没找到合适的表达方法，还没用过信用卡还不会说纯正的普通话，就像我在斯坦福大学的棕榈大街上，听那些话都说不利落的毛头小伙子聊他们的创业计划，什么血管生长素抑制因子治疗肿瘤，什么DNA芯片，我知道这些人早晚会创造出下一个辉瑞和惠普。在北京的一个桑拿天里，我蹭票在工体听了许巍的第一个个人演唱会，他唱到三分之一的时候嗓子就劈了，声音锉刀一样割耳朵，唱到最后，他终于撑不住，哭了，他一定想起他来到北京城这十几年，多少人没有混出来啊。坐我前排一个女孩，浑身打了无数的洞，穿了无数的金属环，挥舞着荧光棒，喊，许巍，我爱你。我心里想，又一个小混混，混出来了。

有个美国知识分子说，北京最像纽约，上海不像，太不像了，有股票交易市场又怎样。在北京和纽约，一个人必须非主流才能入流（You have to be out to be in），而在上海，这个人必须入流才能入流（You have to be in to be in）。我们在东三环靠近农展馆附近有个食堂，没有名字，没有霓虹灯招牌，水泥地，水泥墙，金华土菜。艾未未的设计，招牌式的冷静干燥，没有多余的一点零碎。保尔·柯察金的那句"当你回首往事的时候……"影响了我的上半生，艾未未说，人不应该追求快乐生活，快乐就像糖一样，只是人生的一种味道，这句话我时常想起，或许会影响我后半生。在食堂里，我见到各种非主流的人：有自闭症嫌疑的小提琴手，说话从不看人眼睛，从脸上看不出年龄，酒喝到老高才放开些，死活让我叫她舅妈，她出的唱片上全是外文，据说她是国内第一把小提琴，男的女的都算上。有二十年没写东西了的作家，对古玉和旧家具的见识远远在对文字的见识之上，从小到大，唯一做过的一份正式工作就是在作协当他爸的秘书，他爸早就仙去了，他还一直是他爸的秘书，每月从作协领一份工资。有满头白发的老诗人，没有工作，娶了八〇后的姑娘，姑娘的爸爸比他小两岁，叫他大哥，他还贷款买了房子，还生了胖儿子。老诗人常劝我，别眼馋，八〇后的嫁给了他和杨振宁，再过两年，九〇后的就会看上我，一拨一拨的，耐心等待，别着急。总之，除了我，基本没有见过一个需要朝九晚五穿西装打领带上班的人。唯一的例外是一个税务局处长，快五十了吧，一天喝多了，反复念叨，他应该快升副局长了，他辛辛苦苦啊，副局长牛啊，没完没了。一个姐姐平常总是微笑着，喝很少的酒，吃青菜，终于忍不住了，说，你有完没完？我老爸进政治局那年你中学还没毕业呢，又怎么样啊，现在还是天天傻子似的看《新闻联播》，测血糖看糖尿病好点没有，雍正皇帝用的第二任宰相是谁啊，有人记得吗，我看你还是省省力气吧。

一次喝多了一点，借着酒劲拨我初恋的手机，问她在不在食堂的附近，有没有开着车，可不可以接我回家。她的车开得又快又稳，我说北京开始没劲儿了，出国的出国，去上海的去上海，生孩子的生孩子，一桌麻将都凑不够手了。她说，哪儿那么多要求，北京至少还有人驮你回家去。她还说，给我带了明前的新茶，今年雨水大，是小年，让我将就喝，如果敢先喝别人送的，就腐刑伺候。

二十七岁之前，我没出过北京，第一次坐飞机，就飞到了旧金山。之后四年间，飞国航，积累了三十五万公里里程，我想，我算是脱离北京了吧。但是偶尔在南方遇到风沙，摸到腰里拴的红山青玉鹰，见到白发的诗人或者收到我初恋的短信，问，最近如何？我楼下的马路就恍惚变成东三环，天边就隐隐压来沙尘暴。我想，我无处可逃，就像孙悟空飞不出如来那双肥厚的手掌。

红灯青烟里的阿姆斯特丹

传说中，坏人们坑蒙拐骗偷，为的是吃喝嫖赌抽。现在，全球化了，吃喝到处都有，麦当劳、星巴克。赌博合法也不新鲜，二〇〇六年澳门博彩收入超过了拉斯维加斯。越南、柬埔寨、马来西亚边境上，赌场到处都是，吸引中国赌徒，创造的就业机会超过了边防军。中国西部的口号是，给我一张博彩牌照，还祖国三个浦东。但是毕竟时代进步，不是万恶的封建社会了，合法嫖抽的地方，世界上还是少有，所以在去阿姆斯特丹之前，周围的坏人们再三叮嘱，要逛红灯区、咖啡馆（COFFEE SHOP）、凡·高和伦勃朗的博物馆，要吃意境仿佛臭豆腐的当地奶酪。红灯区就在中国城西边儿，官方地图上清晰标注个大红圈，说是充满餐饮和夜生活。咖啡馆主营大麻，临街窗户上各国文字，基本意思是"恍如天堂"，最好的几家里，有尼泊尔、云南和加拿大当年最好的大麻。

会议最后一天，下午三点就提早散了，从酒店窜出去看荷兰人民。

阿姆斯特丹古城运河纵横，据说不是像通惠河、什刹海那样为了漕运而是为了排水。绝大部分城市在海平面以下，房子建在石木支柱上。排水需要极其精细，台风来了，排少了，地下室和一楼进水，台风过去，排多了，石木支柱暴露于空气，氧化膨毁。沿着运河，两岸联排三四层小楼，细方红砖，密不容针地争夺向水的面积，同时形成街道。向水的一面统一开长方大窗，大窗又被细木窗棂切成小的正方形，窗户的面积几乎占了总面积的百分之八十。楼顶都尖，雕花，狮子绵羊之类，都嵌个牌子，"1668"、"1781"等等，表示楼的竣工年份。牌子上面都有一个憨实的挂钩，据说有两个用途，一个用途是吊运大件家具电器。楼梯太窄小，百年前也没有能塞两个金喜善的韩国双开门冰箱；另一个用途是吊运八十岁以上腿脚不灵便的老头老太太。楼里没有电梯，百年前也没有几个八十岁还赖着不进天堂的老人。小楼和河岸之间，树木划分机动车道和自行车道，多银杏和香樟。机动车基本开不起来，自行车更加得意。荷兰姑娘身高平均一米七，皮白刺青，乳阔腰仄，骑在老式二八车上，比机动车还快，金黄的头顶几乎和路旁的银杏树一样高。运河里多游船，小的装三两俊男美女老流氓，大的载满各地游客。大型游船一定是定制的，满客后，船高刚好矮过运河上砖石桥半寸，船长刚好能在最宽的河面上掉头。河边有长木椅，坐着看对面的楼房，楼房里的窗，窗里隐约的姑娘。虽然河面只有二十米，但是毕竟是山水相隔，觉得对面的姑娘竟然有些遥远。北京城里基本没河，也没河边木椅，但是年少时候一样在三四层的板楼下，坐看楼里的窗，窗里的姑娘，平静的时候带着一包前门烟，不平静的时候带着一瓶北京啤酒。她知道我在吗？她不知道我在吧？知道又怎么样呢？楼周围没有银杏和香樟，槐树上有叫吊死鬼的虫子，杨树上有知了。半包烟之后，一瓶啤酒之后，楼顶的姑娘，头顶的星星，还有共产主义，当时觉得这辈子都想不明白，现在还是这样觉得。

像平壤街上悬挂领袖照片或者上海街上悬挂世博会宣传画，阿姆斯特丹满街挂着一个毛发浓重眼神迷离的男人画像，我想应该是伦勃朗吧，但是太晚了，他的博物馆来不及看了，太阳还没全熄，红灯还没上，先去古玩街SPIEGELKWARTIER。和香港荷里活道类似，小铺临街而设，铺面小而深，比北京古玩城那种集中圈养有味道。铺子里，藏在铺底下的上好货色，同北京香港的古董铺子一样，没人引荐看不到，怕惹是非。放在面上的，多一二百年前的钟表首饰，还是那几个大名牌，Bvlgari、Cartier之类，百年过后，没有感觉一丁点过时。一个Cartier的小表，一厘米见方，宝蓝色刻度和指针，蓝宝石弦轴头，安静，好看。本来想买了做个手机串，后来过了遍脑子，没有哪个手机配得上，于是算了。一个Zeiss的单筒望远镜，黄铜，10×25倍，看皮壳，三五十年总有了，一个日本人反复看，店老板说，看百米外楼里洗澡的花姑娘，没有问题，屋子里水汽再大都没问题，日本人一脸的欢喜。街上也有东方的东西，多二三百年前日本明治中国盛清时候的物件，十六七岁刚修完礼仪课上过妆的小姑娘似的，傻子都知道好看。柜子里一块白玉合欢坠子，老板说是籽料，清中期，沁色好。心想，这个我懂，不是籽料，是山料，不是清中期，顶多到民国，不是沁色，是皮子，比《夜宴》里葛优拿的那块仿清中期硬被当成五代十国的坠子还假，还是让店老板留着骗老外吧。

阿姆斯特丹红灯区真的是一个区，跨两条河，十几条小街，疾走一圈会出汗。窄处不容车，宽处警察骑大马，周围两三处教堂，嬷嬷们青衣白帽，进进出出。临小街的一楼，开出一个个三四米的门户，落地玻璃门窗，一户，一凤，一帘，一床，一洗手池，一盏红色管灯儿。天光将熄，帘幕拉开，凤鸟们着三点，裸露其余，当户待客，窗顶红灯亮起，古老深远，映照路人心中同样古老深远的生命花火。凤鸟们中外荟萃，肥瘦搭配，守株待兔，游客们或忐忑不安，或兴高采烈，全部都很兴奋，都在于情于理于欧元盘算是否转化身份，从游客变成嫖客。越是窄的小街，红灯越浓，凤鸟越美丽，游客越多。最窄的一条小街，最窄处将将容纳一人，一个旅游团从一端鱼贯而入，另一个旅游团从另一端鱼贯而入，到最窄处，游人们必须仁义恭俭让，有进有出，同时兼顾左右的凤鸟纷飞。

周围很黑，只有灯红，所有人都开心，以为是在游历地心，忽然听见中文口音的英语：

"How much（多少钱）？"两个干部形象的中年男子，看年纪和气质，正处、副局左右，应该是第三梯队。

"Fifteen minutes, fifty Euro（十五分钟，五十欧元）。"红灯下，窗户内，欧女窈窕，腰小奶大。

"Receipt（有发票吗）？"

"Sure（当然）！"

"不好吧？"一个中年男子对另外一个男子说。

"有什么不好？下雨了，我们又没带伞，你左边房间，我右边，躲躲雨。"

因为合法，所以备感安全。街口有大汉，但是没有"仙人跳"，有避孕套，所以绝少难言隐疾。由于职业习惯，我迅速计算了一下市场规模：一次五十欧元，一次平均半小时，一凤鸟一夜平均八次，整个红灯区二百只凤鸟，其他毛片和纪念品、餐饮、性用品、性影院、性博物馆和性旅馆等等相关产业同凤鸟的实战产业规模类似。凤鸟也要休息，体检，一年按三百天计算，$50 \times 8 \times 200 \times (1+100\%) \times 300$，一年下来，几乎是五千万欧元的生意。

最好的咖啡馆也在红灯区附近，我决定过门而不入。学过医，我知道，老天造人，为了将来好控制，软件系统里留了几个后门，毒品就是最大的后门之一。和毒品相比，美人这个后门简直不值一提，36C美乳就是七八磅肥瘦相间的东坡肉而已。夜深以后，不进咖啡馆的门，大麻的味道也像美人长发一样，泪水一样，歌一样，诗一样，清风一样，从咖啡馆的门缝里渗漫出来，流淌在小街上，醇厚，温暖，镇定，安详，贴心，懂得。仿佛传说中的女神，阅尽沧桑，懂得一切，心大如海，胸大如海，怀里的男人永远是对的，永远受尽了委屈，永远脆弱而伟大。

在红灯区两条小运河交汇处，两边都是教堂，一个爱尔兰酒吧。我要了一升啤酒，一盘鸡翅。周围桌子上，遍布五十岁上下的老流氓，天色渐晚，酒半高了，老流氓们向每个路过的男人举杯，对每个路过的姑娘吹口哨，睥睨自雄，旁若无人。船开来，风吹过去，忽然一种在北京这种古城才有的不朽感。只有在这些古城里，时间才能停滞，你坐在你爷爷常去的酒馆，五十米外是你姥爷操过的窄逼，你爷爷你姥爷向你挥挥手，然后转身。不是死去，而是明天再见。

香港饭没有局

为稻粱谋,做俗事,时间过得快。在香港三年了,仔细想来,香港有饭无局。

作为一个高度发达的城市,香港五胡杂居,有饭吃。

时间当横轴,金钱当纵轴,香港的饭可以被这两个轴分成四类:没钱没时间的饭,没钱有时间的饭,有钱没时间的饭,有钱有时间的饭。

没钱没时间,去香港的特色,茶餐厅。茶餐厅三五步一个,比公共汽车站还密集。进门,一盘一筷一餐巾纸,给你倒一塑料杯深褐色的免费热茶。套餐,一个大盘子,几片肉几根菜一坨米饭,配例汤或奶茶,二十文,冻饮加两文,穿学生装的小童减两文。十分钟吃完,免费茶漱漱口,门口交钱走人。一中午,十一点到一点,位置好的茶餐厅,一张台面翻七八次。

没钱有时间,去街边排档。要找老区,排档越破越便宜东西越新鲜。在香港,整个文官体系城市秩序日臻完善,脏的地方不好找了,南越王两千年,殖民地百年,回归十年,和美国比,香港有些历史了,老破的地方还有。屋内三四张台子,屋外两三张台子,小海船今天打来什么海货,厨房里就进什么海货,桌子上就拿什么海货伴酒下饭。还有烧烤摊子,整只走的鸡翅、鸡腿菇、豆腐干、鸭肾、海螺、凤尾蚌,泰国酸辣汁,马来香辣汁,店主说,配方保密。周围是香港难得一见的闲人,听时蔬海鲜在烧烤架子上在白灼锅里吱吱作响,看啤酒泡沫在玻璃杯子里腾起湮灭,街左边水果摊子的老婆婆在分哪些是该卖十文三个的橙子哪些是该卖十文四个的橙子,街右边果汁摊子的小女孩帮着爸爸问客人雪梨汁是加猕猴桃还是加西柚,抬头,拐棍一样瘦高的楼宇之间,月亮还是明亮的,觉得生活浓得仿佛糨糊,把人牢牢地粘在酒桌边的凳子上,两大樽青岛,六七十文港纸,一粘就是一个晚上。

　　有钱没时间,去好酒店,吃午餐定食。世界各地五星酒店里的吃食有共同的特点:贵,难吃,摆脱不掉的装逼气质。香港除外,五星酒店里的餐馆,基本都是外人经营,顶尖的地段,午餐定食的价格也不吓死人,做得卫生精致没太多可挑剔。还有,叫外卖,叫很贵的外卖,燕鲍翅,鱼子酱黑菌面,陈年普洱茶;送外卖的在办公室的用餐区铺开台布,好吃的就在嘴边;下午还有二十几个电子邮件要回,三个电话会要开。香港岛上面积勉强转得开屁股的海景房要卖上千万港币,太郎们,阿信们,加油。

　　有钱有时间,香港有很多地方和很多吃食,号称方圆几千里之内,最好的中餐,最好的西餐,最好的混合餐(Fusion),拿钱不当钱。中国会,香港俱乐部,吃的地方可以草木繁盛,墙上挂北京二十世纪八九十年代混出名堂的流氓艺术家的后现代绘画,落地窗里有无敌的维港烟花,窗帘的花边是苏格兰大妈手工缝制,和英国女皇陛下睡觉的地方一模一样,原木多宝格里放二十厘米直径的青玉谷纹璧,玉种沁色都不错,放在南越王墓里也属于中等品相。同样的明前茶虎跑泉水，用顾景舟上世纪八十年代做的提梁壶沏，价钱如何标？

作为一个高度发达的城市，香港白居不易，没有饭局。

饭局的三种基本要素：赋闲男人，时鲜美女，便宜啤酒，香港什么都没有。香港少闲人，香港大学毕业，进五大会计师事务所，每周牲口似的工作八十小时，工资还不够付房租，不找男女朋友同居，就得吃父母。平时能聚在一起吃饭的，不是做金融的就是做咨询的，不是滴酒不沾就是只喝一杯啤酒，不是普通话中夹带英文就是台湾风味国语，不是迟到的就是还有工作要做必须早走的，都带着两个手机一个大陆号码一个香港号码一个讲电话一个发短信，都带着Blackberry随时收发电子邮件，都带着iPOD随时听音乐听PODCASTING，都带着PSP随时打游戏看照片看小电影。香港多职业女性，穿着基本是日本时装杂志模式，两腮涂红，身材瘦小，脚大，头尖，在人车充分分离的中环人行道上暴走，每小时十五公里，和北京骑自行车的速度差不多。娱乐公司力捧的几个香港女明星，仔细看八卦杂志生活照片上的眉眼，朴实如傻强，实在家常，在北京，基本不要想上北影中戏或是北广了。

那种老流氓露着胸毛就着啤酒和一群小流氓回忆年轻时代，身上被砍多少刀，还跑出去多少个街口，跳上小船逃掉，那种一个相公带着几个姑娘一边吃公仔面一边等生意，估计都只是在香港电影里还存在的香港饭局了。

怕应羞见

最近，对房子的兴趣明显大于女子。

生理学讲，新陈代谢的规律决定，男子过了三十五六，原来鞋底子抽都不胖不肿的，吸西北风喝自来水啃低糖黄瓜也长肚子。四下张望，年岁比自己小的狠呆呆的晚辈，有的官已经做得比自己大了，有的钱已经挣得比自己一辈子能挣的还多了。年岁差不多的弟兄，有的第三次婚姻也破裂了，重新攒了个没牌子电脑，打"红色警报"和"帝国时代"，有的生了三个女孩，老大叫星，老二叫月，老三叫日。年岁比自己大八九岁的老哥哥们，多数明白这辈子差不多了，一口元气泄了，邪火消灭，愤怒不再，头发很快秃了。操守差的，破罐子破摔吧，下坡的速度比上坡快多了，张艺谋拍了《英雄》，陈凯歌拍了《无极》，余华写了《兄弟》。于是，对世界的看法逐渐平和，世事练达，人事洞明，对姑娘的兴趣一点点淡了，看周围的女子越来越中性。这样的男人占人口的大多数。这么大岁数，内心火苗突突的中年色鬼，是异数，必要时需要保护。

另外两点加剧了这个趋势。一是姑娘的长相越来越假。化妆品让百分之九十五的一线影星仔细洗洗脸之后，不如二线城市公共汽车上的售票员。韩国美容医生的刀法越来越精,自从把造假LV包的技术转让到河南,芯片和美容术就是韩国最自豪的高科技了。激素补充疗法和激素替代疗法在暗夜里传播,瑞士和日本注射型人胎盘素三个疗程下来,儿子叫你小妹。二是麻烦。这时候,喜欢上某个女子工程浩大。十年前的喜欢是真正的喜欢,不喜欢了就说不喜欢了,简单得就像从学三食堂转移到学二食堂吃晚饭。现在,换个刚做七个月的工作,手续要办仨月,别说身边换个一起待了七年的人。

秋天去青城山,看西南民居楼盘,蓦然动心。

一是距离机场近,一个小时车程,周末前后请两天假,就可以躲过来。二是距离成都近,四十分钟之外,就是事逼但是好吃的银杏酒楼,不事逼也好吃的红杏酒家,五块钱的采耳,五块钱一天的茶,二十块一天的麻将。三是供应有限,前山脚下的地差不多都盖上了房子,都江堰负责青城山建设事宜的市领导也跳青城山自杀了,圈地运动基本完成,交易成本必将上升。四是到了喜欢道教的年纪,不禁房事,不禁荤腥,鼓励吃白果土鸡和猕猴桃,文气简洁地说,就是乐生,土鳖唠叨着说,就是脸皮厚实就这么活着,活着活着就老了,活着活着就无耻了。

从楼盘坐黑摩的,两块钱,五分钟,到小山门,十分钟山道,过一个又像心形又像屁股的月城湖,见索道。坐索道过半,两腋风生,周遭柳杉换叶子,一绺黄穗从几十米高的杉树顶端落下,随风一两个抖动,在我面前坠下。心中一紧,仿佛二十年前,下了课间操,窥见十米之外,穿黄裙子的师姐弯腰系白球鞋带,一绺明黄的头发从脑后滑过脸颊,发梢在空气中随风抖动。

敦煌

看商周玉，看晚唐诗，看写经的小楷，看明末清初的茶壶，越来越觉得天才是弱的、想不开的、贪图简单快乐的。

敦煌是又一个佐证。

天真蓝，地真黄，白杨树白银子一样。导游小姑娘说，原来敦煌是绿洲，百分之五十的绿地，尽管起风沙，雨偶尔还下，我估计，就像北京现在一样。导游小姑娘说，原来敦煌是国际性枢纽大都市，集中了全球百分之六十的丝绸、大麻、玉石、僧侣和职业妇女。我估计，就像上海现在一样。导游小姑娘说，再过几年，水就没了，敦煌也就没人能住了。我想，就像高昌现在一样。

离开大路，要开十几分钟才到莫高窟门口。门口附近最美丽的建筑是日本人捐的敦煌博物馆，和周围的山石土木浑然一体，不仔细看，感觉不到。门口还立着王道士的骨灰塔。导游小姑娘说他是民族罪人，傻到相信斯坦因是孙悟空的子孙，贪图小钱维持寺院，把经书和文物卖给这些外国人。后来王道士被人骂疯了，在沙山上跑来跑去直到死。我琢磨，王道士和我老爸差不多。我老爸相信任何新的都是好的，上世纪五十年代初回国，六十年代饥荒的时候，为了养活八个弟妹，把一整箱

Leica相机和Cartier表之类的资产阶级物件卖给国营信托商店。他现在生活规律，上午天坛，下午垂杨柳棋牌室，晚上古龙晚期小说，有朋友来的时候做他的招牌红烧肉。明显的差别是我老爸疯不了。

莫高窟近三百多个洞窟，让人进去的不到十个。修葺好的洞窟，整齐划一，个个长得像公共厕所。讲解员小姑娘腰里别着大把的洞窟钥匙，走起路来叮当作响，仿佛售楼小姐，毫无好恶地讲解洞窟标准间的装修。

佛们长得好看死了，这么多年，也不衰老。和现在的文艺明星类似，敦煌的佛们有三个特征。第一，不男不女。面皮粉嫩，但是长胡子。手指粗壮，但是胸部隆起。第二，衣着暴露。穿得都很少，衣服都很轻薄，很多的皱褶，繁密的花瓣一样。第三，佩戴饰物。脚串、手串、板带、项链、发箍。白玉、水晶、玛瑙、琥珀、蜜蜡、琉璃、红珊瑚、绿松石、青金石。

车离开敦煌的时候，导游小姑娘让我看远处的山，一边是黄沙，一边是黑褐色的页岩，两边交汇处，清晰而明显的界线。导游小姑娘说，唐朝时候一个和尚，一定要去西天，走到这里，看到页岩上的金色闪光，以为自己已经到了西天，看到了佛，就住了下来，才有了敦煌。我琢磨，这个唐朝和尚或许是一时大脑脱水造成幻觉，他当时看到的佛到底是什么样子？心里要多大一个疙瘩，才需要造这么多佛像消解？他挖凿洞窟、塑造佛像时，想的是什么啊？参照的样本是十二岁寒食节的春梦还是十四岁秋游撞见的鱼玄机？

木心说，快乐是小的，紧的，一闪一闪的。一千年前，没有棋牌室和红烧肉，一点一凿塑造佛像，漫长劳作里的快乐也应该是这样的吧，仿佛尿水小小地汇集到膀胱，括约肌收紧的肿胀，一朝释放，闪闪的佛光。

天高帝远

　　有个歌是这么唱的："当阳光照耀的时候，就该梦想。"从小到大，都是缺什么想什么。

　　二十世纪八十年代，十几岁，肚子里没油水，和老哥、老姐坐在门口的板凳上，常常想起吃的。

　　"新出笼的富强粉馒头！"

　　"馒头上抹层芝麻酱！"

　　"芝麻酱上抹层果酱！"

　　"果酱上抹层白砂糖！"

　　"白砂糖上抹层碎花生！"

　　二十世纪九十年代，二十几岁，东单、东四满街遍野都是女神，天花没有落处。六男孩同住在东单三条五号十二平方米的男生宿舍，常常说起姑娘。

　　"小对眼不错。"

　　"很白！"

　　"小海棠不错。"

　　"很香！"

"小苹果不错。"

"很甜！"

现如今，走进二十一世纪的新时代，多数同辈男人，脸朝上平躺的时候，肚脐眼高过鸡鸡上的马眼。一周八十小时工作，一月两千元手机费，一年十万公里飞行里程。我和我恩师坐在一起，喝口茶，歇口气，常常畅想将来不工作的时候，找个地方逃离，天高帝远。

"不用手机！"

"诺基亚E95送人，黑莓8800送人，留个索爱被窝里看小黄MP4用，留个多普达当GPS野游用。"

"不查电邮！"

"电脑不装Lotus Notes，不装Outlook，不装Office，只装游戏，只装歌曲。"

"不穿正装！"

"黑西装送希望小学改棉袄，黑袜子送匪徒当面罩，各色领带捆在一起做墩布。"

我们讨论，如果在地面上找个类似天堂的地方，应该用什么标准。我恩师说："我的标准是：第一，有好吃的；第二，有好的按摩院；第三，有好的高尔夫球场。"我说："我的前两个标准和你相同。第三，有好看的姑娘能让我心中肿胀；第四，有好玩的人一起喝酒；第五，有书店卖我的小说；第六，有飞机场、火车站、高速公路。"

大理是个逃离的好选择。大山，小溪水。大湖，小古城。湖山之间的田地平坦润绿，怎么看，怎么觉着适合种植烟草和大麻。白族兄弟的馆子里，牛肝菌、干巴菌、鸡枞(左提"土"旁+右"从"——要造字)菌、松茸等等各种蘑菇。酸辣鱼，鱼吃完了，还可以往酸辣汤里免费续豆腐。猪肉刺身、炸黄金片，下风花雪月啤酒。古城博爱路上有聋哑人的按摩院，他们用手和你身体对话，飞快了解它痛苦和委屈。三塔旁边有个十八洞的山地高尔夫球场，古城人民路上常常遇见饱含呆傻美的王语嫣、屁股很大还敢穿牛仔裤的马夫人、四处乱走的狗。小孩儿说，那只狗是他的，狗的名字叫耍耍。每年四月是当地的情人节，夫妻必须分开，和各自的情人消失三天。对于这三天，彼此不问、不说、不讨论、不着急、不嘀咕，三天之后重新在一个屋檐下，担水、吃饭、睡觉。

在大理住了几次，每次都睡不安稳。多梦，人脑程序源代码的暗门时隐时现。梦里，黑莓的红色指示灯在水面上乱闪，鬼火一样，灯塔一样。梦里，我好像总在不停地思考，每年，在那三天之外，我的情人以什么频率性交？每年，在那三天之间，我老婆的情人到底是谁呢？

© 冯 唐 2011

图书在版编目（CIP）数据

活着活着就老了/冯唐著．—沈阳：万卷出版公司，2010.4（2011.5重印）
（冯唐文集）
ISBN 978-7-5470-0821-8

Ⅰ.①活… Ⅱ.①冯… Ⅲ.①随笔—作品集—中国—当代 Ⅳ.①I267.1

中国版本图书馆CIP数据核字（2010）第050131号

出版发行：北方联合出版传媒（集团）股份有限公司
　　　　　万卷出版公司
　　　　　（地址：沈阳市和平区十一纬路29号 邮编：110003）
印　刷　者：北京中印联印刷有限公司
经　销　者：全国新华书店
幅面尺寸：145mm×210mm
字　　数：220千字
印　　张：9
出版时间：2010年4月第1版
印刷时间：2011年5月第8次印刷
责任编辑：王亦言
特约编辑：何　娜
封面设计：福曦设计
ISBN 978-7-5470-0821-8
定　　价：25.00元

联系电话：024-23284090
邮购热线：024-23284050　23284627
传　　真：024-23284448
E-mail：vpc_tougao@163.com
网　　址：http://www.chinavpc.com